05. YOLO PROJECT

ITALIA

두근두근 이탈리아

21세기북스

CONTENTS

004   **PROLOGUE**

006   **PERSONAL DATA**

007   **PURPOSE OF TRAVEL**

008   **EUROPE MAP**

010   **ITALIA MAP**

012   **PART 1 : 이탈리아 여행 준비, 12문 12답**
- 014   Q1. 항공권은 어디서 구입하는 것이 가장 좋은가요?
- 016   Q2. 환전, 어디서 얼마나 해야 하죠?
- 017   Q3. 숙소 예약은 어떻게 하면 되나요?
- 018   Q4. 이탈리아 여행 시 필수 아이템은 무엇이 있나요?
- 019   Q5. 자유여행 VS 패키지여행 VS 호텔팩여행
- 020   Q6. 각종 증명서를 어떻게 챙겨야 하나요?
- 021   Q7. 이탈리아 기차표를 예약하고 싶을 때는?
- 022   Q8. 이탈리아에서 렌터카를 빌리려면?
- 026   Q9. 면세점 똑똑하게 이용하는 방법은?
- 028   Q10. 스마트폰 로밍과 심 카드 구매는 어떻게 하나요?
- 029   Q11. 세금 환급, 어떻게 받으면 되나요?
- 030   Q12. 이탈리아 여행 시 꼭 챙겨야 하는 마음가짐은?

032   **PART 2 : 이탈리아, 어디까지 알고 있니?**
- 034   POINT 01. 이탈리아의 역사
- 036   POINT 02. 이탈리아의 인물
- 038   POINT 03. 이탈리아의 예술
- 042   POINT 04. 이탈리아의 건축
- 044   POINT 05. 이탈리아의 음식

048   **TRAVEL PACKING LIST**

049   **CHECK LIST**

050   **PART 3 : 이탈리아의 수도 로마**
052   ESSAY _ 살아 움직이는 가장 오래된 도시 로마

060   **PART 4 : 캄파니아주 주도 나폴리**
062   ESSAY _ 아름다운 노래가 흐르는 이탈리아 남부 도시 나폴리

068   **PART 5 : 토스카나주 주도 피렌체**
070   ESSAY _ 단테의 젊은 연인이 살았던 곳 피렌체

078   **PART 6 : 롬바르디아주 주도 밀라노**
080   ESSAY _ 최후의 만찬이 있는, 평원에 지어진 도시 밀라노

086   **PART 7 : 베네토주 주도 베네치아**
088   ESSAY _ 물의 도시, 황금의 도시 베네치아

096   **PART 8 : 시칠리아주 주도 팔레르모**
098   ESSAY _ 시칠리아 섬의 관문 팔레르모

부록

185   호텔 용어
          여행자를 위한 영어회화 _ 호텔편
186   CONTACT LIST
187   COUPON

PROLOGUE

Life isn't always what one like.
삶이란 언제나 원하는 대로 되는 것은 아니죠.
- <로마의 휴일> 중

이탈리아 로마를 소개하기에는 딱 알맞은 말이 아닐까.
로마라는 도시가 간직하고 있는 역사적인 시간은
상상만으로도 버거울 정도.
그 시간 속에는 모든 사람들이 원하는 대로
이뤄진 이야기만 있는 것은 아니다.
어떤 이들은 눈물 흘렸고,
어떤 이들은 사랑하는 사람을 잃기도 했다.

그렇게 쌓인 시간은 삶의 방향에 영향을 주었다.
이탈리아 사람들은 현재의 삶을 우선한다.
맛있는 음식을 먹고, 즐거운 노래를 부르는
그들의 매일을 보면 행복한 삶에 대한
다른 의미를 찾을 수 있다.

그래서 이탈리아 여행은 어쩌면 행복에 대해,
삶에 대해 생각해보는 기회가 되어 줄 것이다.
마음대로 되지 않는 매일을 괴로워하기보다
스스로 결정할 수 있는 일을 시작하면 어떨까.
그 시작이 이탈리아 여행이라면 완벽하다.

"삶의 균형은 깨질 수 있지만, 우리 함께 건너자!"
- <먹고 사랑하고 기도하라> 중

PERSONAL DATA

NAME ☐ MALE ☐ FEMALE
NATIONALITY
PASSPORT NO.
E-MAIL
MOBILE PHONE
ADDRESS

PURPOSE OF TRAVEL

아래의 통해 묻고 싶은 질문들을 메모해두세요

EUROPE MAP

MY FLIGHT SCHEDULE

GOING	DATE/TIME	PLACE
DEPARTURE		
TRANSFER		
ARRIVAL		

COMING	DATE/TIME	PLACE
DEPARTURE		
TRANSFER		
ARRIVAL		

Atlantic Ocean

ICELAND
IRELAND
U.K.
FRANCE
SPAIN
PORTUGAL

ITALIA MAP

MY SCHEDULE

DATE

PLACE

Sardegna

Liguria

Piemonte

Valle d'Aosta

Lombardia

밀라노

10:00 AM
ITALIA

06:00 PM
REPUBLIC OF KOREA

11

Sicilia

Calabria

Basilicata

Puglia

Campania
• 나폴리

Molise

Abruzzo

Lazio
• 로마

Umbria

Marche

Toscana
• 피렌체

Emilia Romagna

Veneto
• 베네치아

Friuli-Venezia-Giulia

Trentino Alto Adige

• 팔레르모

이탈리아 여행 준비, 12문 12답

여행을 떠나고자 마음먹었지만, 무엇부터 준비해야 할지 막막한 여행자들을 위한
꼭 짚고 갈 여행 가이드!

PART
I

Q1

항공권은 어디서 구입하는 것이 가장 좋은가요?

1 일단 가격을 비교하자!

항공권을 구매할 때 제일 먼저 고려하는 사항은 가격이다. 얼마나 싼 항공권을 구매할 것인가가 여행자의 첫 고민! 이런 이들이라면 항공권 가격 비교 사이트를 놓치지 말자. 스카이스캐너(www.skyscanner.com), 인터파크 투어(www.tour.interpark.com) 등을 이용하면 저렴한 항공권 리스트를 Get 할 수 있다. 또한 여행 일정 2-3개월 전에 항공권을 구매하면 더 저렴하게 살 수 있다. 이탈리아 국적기인 알 이탈리아(www.alitalia.com) 항공권을 이용하는 것도 저렴하게 여행하는 방법 중 하나.

2 동선 결정이 먼저!

유럽의 다른 지역도 비슷하지만 이탈리아는 항공권을 어디서 사는지 보다 어떻게 사는지가 중요하다. 대부분 이탈리아 여행을 계획할 때 로마에서 입국해서 로마로 출국하는 경우가 많다. 이는 우리나라로 예를 들면 인천으로 입국해서 부산까지 갔다가 다시 인천에 와서 출국하는 것과 같다. 따라서 이탈리아 여행을 계획 중이라면 항공권 구매 전 반드시 동선을 먼저 결정하자. 그것이 항공권 구매의 첫 단추를 끼우는 일이다.

3 직항 여부 보다 여행의 볼거리를 따져라!

이탈리아에서 항공기가 직항으로 운영되는 곳은 밀라노, 로마뿐이다. 그런데 생각보다 밀라노는 볼거리가 많지 않다. 이탈리아 여행을 하는 대다수의 여행객이 선호하는 지역은 베네치아, 피렌체, 로마이다. 따라서 베네치아로 입국해 로마로 출국하는 동선을 추천하고 싶다. 처음 이탈리아에 내리면 시차 적응을 비롯해 비행 후유증으로 몸의 컨디션이 완벽하지 않아 많이 걷는 여행은 신체적 고통을 가져올 확률이 높다. 로마는 하루에 4만 보 이상 걸어 다니며 여행해야 하는 도시인 반면, 베네치아는 여유를 즐길 수 있는 도시이다. 시작은 여유롭게, 여운은 길게 남기기 위해 베네치아 IN-로마 OUT이 베스트이다.

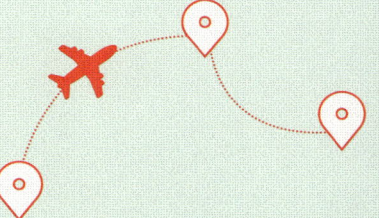

⁴ 사소하지만 치명적인 POINT!

● 저렴한 가격과 다양한 혜택으로 무장한 항공사 프로모션 또는 특가 항공권을 수시로 찾아보자. 최근 유럽 항공권은 중국 항공사가 파격적으로 저렴하다. 중국 계열의 항공사 프로모션을 노려보자.

● 온라인 예매 시, 전자 항공권을 프린트해 챙기자. 여러 부로 나눠서 캐리어에 하나 더 넣어놓는 것이 좋다.

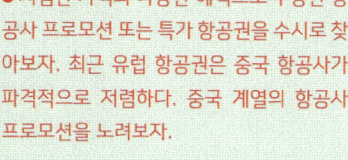

● 할인 항공권 구매 시 다시 한번 일정을 확인하자. 일반 항공권과 달리 유효기간이 제각각 다를 수 있으니 확인은 필수이다. 또한 기간이 많이 남은 상태여도 취소 시 20-40%에 이르는 높은 수수료가 부과된다. 따라서 항공권을 사기 전 취소와 예약 변경에 대한 규정을 꼼꼼하게 확인해야 한다.

● 종종 스카이스캐너나 프라이스 라인 등 가격 비교 사이트보다 공식 홈페이지 프로모션이 더 저렴한 경우가 있다. 비교 사이트에 모든 항공사 금액이 나오는 것이 아니기 때문에 공식 홈페이지도 꼭 방문해 비교해보자.

Q2

환전, 어디서 얼마나 해야 하죠?

[1] 1인, 1일 50€

경험을 바탕으로 식대, 입장료, 대중교통 등을 고려했을 때 평균적으로 1인당 하루 50€가 적당하다. 간혹 조금 모자란 듯한 느낌이 들 수 있지만, 큰 문제는 없다. 단 숙박비를 제외한 금액이라는 점을 주의하자.

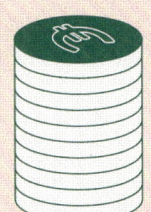

1day 50€

[2] 신용카드(체크카드) 똑똑하게 챙기자!

이탈리아는 기본적으로 1주일 이상 여행하기 때문에 현금으로 경비를 모두 챙기는 것이 부담스러울 수 있다. 소매치기, 강도 등 위험에 대비하기 위해서도 현금과 신용카드(체크카드)를 적절하게 사용하는 것이 좋다. 전체 여행 경비의 50%는 환전을 해 현금으로 준비하고, 나머지 50%는 체크카드가 있는 계좌에 넣어두고 필요할 때 ATM기로 인출하는 것도 방법이다. 여행 전 신용카드(체크카드)가 해외에서 사용 가능한 것인지 확인하자. 카드 앞면에 VISA/Master Card 표시가 있어야 하고, 체크카드의 경우 IC 칩과 해외 사용 비밀번호가 등록되어 있어야 한다. 또한 카드에 새겨진 영문 이름과 여권의 영문 이름이 동일해야 한다. 마지막으로 뒷면 서명란에 반드시 여권과 동일한 서명을 해둘 것. 간혹 서명이 없는 카드는 사용이 불가할 수도 있다. 종종 6자리 비밀번호를 요구하는 경우가 있는데 한국에서 미리 설정하지 않은 경우라면 원래 네 자리 비밀번호 뒤에 00을 붙이면 된다.

[3] 수수료 절약과 편리성, 인터넷 환전

본인의 주거래 은행 홈페이지를 통해 환전 서비스를 신청하고, 가까운 은행 지점에서 찾거나 인천국제공항에서 찾는 것이 좋다. 은행별, 개인 조건별 환전 우대가 30-70%까지 가능하다. 또한 은행별 기준 금액 이상 환전 시에는 무료로 여행자 보험에 가입시켜주기도 한다. 최근 가입하지 않아도 이용할 수 있는 모바일 뱅킹 앱이 다양하게 출시됐으니 참고하자.

[4] 한국에 돌아오면, 카드 일시 정지!

이탈리아를 비롯해 유럽 여행을 다녀온 후 해외에서 사용했던 카드는 일시 정지 또는 해외 결제 분 지급 정지 신청을 하자. 해외에서의 카드 번호 도용 또는 카드 복제를 통한 피해를 방지할 수 있다. 분실하지 않았다 해도, 본인이 모르는 사이에 문제가 생길 수 있으니 신청하는 것이 좋다.

Q3

숙소 예약은 어떻게 하면 되나요?

1 숙소는 미리 선택하자

여행 고수들은 간혹 첫날 또는 둘째 날까지만 숙소를 결정하고 나머지는 발길 닿는 데로 여행을 즐기다 즉흥적으로 결정한다. 그러나 숙소는 여행의 아주 중요한 요소이고, 2주일 이내의 여행이라면 일정 변경이 거의 없으니 사전 예약을 추천한다. 단순히 잠을 자는 곳이라는 개념으로 찾기보다, 숙소에서 또 다른 유럽의 밤 여행을 할 수 있다는 마음으로 선택하기를 바란다. 이탈리아에는 와이너리 숙소, 수녀원을 개조한 숙소 등 재미있고 특색 있는 곳이 많아, 밤의 여행을 즐기는 것이 충분히 가능하다.

2 비교 선택이 필수!

숙소를 예약할 때는 온라인을 잘 활용하자. 호텔 사이트에서 직접 예약할 수 있고, 대행사를 통한 예약도 가능하다. 최근에는 호텔 사이트보다 아고다(http://www.agoda.com/ko-kr), 부킹닷컴(www.booking.com) 등 대행사를 활용하는 것이 무료 조식, 할인 프로모션 등 다양한 서비스를 추가로 받을 수 있는 방법이다. 꼼꼼한 가격 비교는 필수! 또한 예기치 못한 문제가 발생하거나 언어 능력이 불안하다면 한국의 호텔 예약 전문 업체를 이용하는 것이 안전하다.

3 여행에 따라 숙소 종류도 다르게

숙소 종류는 크게 호텔, 렌털, 민박으로 나눠 볼 수 있다. 최근에는 에어비앤비 등 현지인들의 집을 빌려 숙소로 사용하는 방법이 늘어나고 있지만, 단기 여행을 계획했다면 호텔을 추천한다. 편리성과 서비스의 만족도는 높으면서 가격 측면에서 큰 차이가 없다. 4일 이상의 여행을 계획한다면 렌털도 좋은 경험이 될 수 있다. 식재료를 구해 직접 식사를 만들거나 현지 친구들의 생활을 경험할 수 있다. 3주 이상 여행을 계획한다면 호텔과 렌털을 적절하게 혼합해 숙소를 결정하자. 몸이 힘들어지는 시기나 여행에 지칠 때쯤 호텔에서 편한 서비스를 누리면 새로운 활력을 얻을 수 있다.

4 되도록 한인 민박은 피하자!

이탈리아를 한 번 찾았던 사람이 다시 여행을 결정하는 중요 포인트가 음식이다. 여행의 기억이 음식으로 남는 경우가 많다. 한국에서 쉽게 맛볼 수 없는 이탈리아 고유의 피자, 파스타를 비롯해 다양한 음식 세계를 경험할 수 있다. 그런데 한인 민박을 이용하면 아침과 저녁에 한식을 먹게 된다. 여행지에서 한식을 먹는 경우 이탈리아 현지식에 적응하는 기간이 오래 걸리거나 어려울 수 있다. 또한 이탈리아에서 한국 사람들만 만나는 것보다 이탈리아 친구를 비롯해 세계 각지에서 온 친구들을 만나는 기회를 열어 두었으면 한다.

Q4

이탈리아 여행 시 필수 아이템은 무엇이 있나요?

[1] 안전 여행은 내가 만든다!

이탈리아에는 소매치기가 많다. 그러나 소매치기를 당하지 않는 방법 역시 존재한다. 우선 안전을 두 번, 세 번 챙기자. 옷 속에 복대를 하거나 중요 물품이 든 가방과 나를 묶는 미니 자물쇠 등도 도움이 된다. 경비는 조금씩 나눠 여러 곳에 보관하고 카메라 등 중요 물품은 몸의 안쪽, 눈에 보이는 위치에 두는 것을 습관화하자. 돈을 안전하게 지켰다면 피부의 안전도 지키자. 이탈리아는 햇빛이 굉장히 강한 나라 중 한 곳이다. 따라서 선크림, 선스프레이, 선스틱 등 여행 중간중간 피부를 햇빛에서 보호할 수 있는 아이템들을 꼭 챙기자. 챙이 넓은 모자는 멋과 피부를 동시에 챙길 수 있는 베스트 아이템이다. 더불어 여행 중에는 일상에서와 달리 많이 걷게 된다. 발이 편한 신발은 어떤 아이템과 비교할 수 없이 중요하다. 3시간 이상 걸어도 발이 아프지 않은 신발을 반드시 챙겨갈 것!

[2] 문화와 감성을 즐기는 여행자라면, 필수!

이탈리아 여행에는 플라스틱 와인 잔과 와인 오프너가 필요하다. 이탈리아 사람들은 늘 와인과 함께한다. 식사 때뿐 아니라 공원에서 책을 보거나 강에 앉아있을 때도 옆에는 와인이 있다. 이탈리아 감성을 느끼고 싶은 여행자라면 와인 잔과 오프너를 꼭 챙겨가자. 이탈리아 어디에 있든 그곳을 최고급 레스토랑으로 만들어 주는 아이템이 될 것이다. 더불어 이탈리아 작곡가들의 음악도 플레이 리스트에 담아 가면 베스트 초이스, 베네치아에서 곤돌라를 타겠다고 마음먹었다면 반드시 이 세 가지를 잊으면 안 된다. 곤돌라에 올라 와인 한 잔과 이탈리아 음악이 흐르는 시간을 보낸다면, 이미 이탈리아 감성에 푹 빠진 것이다. 더 나아가 음악회를 즐기고 싶다면 여자는 원피스 한 벌, 남자는 면바지, 셔츠, 로퍼 정도는 챙겨가는 것이 좋다.

Q5

자유여행 VS 패키지여행 VS 호텔팩여행

[1] 처음부터 끝까지 내 힘으로, 자유여행!

자유여행은 숙소 예약, 항공편 예약, 일정 및 여행 루트 계획까지 모두 자신의 힘으로 하는 것이다. 온전히 내가 하는 여행, 나만의 여행이라는 느낌이 강하다. 단, 정보를 수집하고 여행을 준비하는 기간이 오래 걸린다. 따라서 해외여행에 익숙하고 꼼꼼한 성격을 가진 이들에게 특히 맞는 여행 방법이다. 또한 남들과 다른 경험을 쌓고 싶은 여행자에게 맞다.

[2] 시간이 없다면, 패키지여행

변수가 두렵거나 짜인 스케줄이 확실하게 지켜지는 게 좋은 여행자라면 패키지를 추천한다. 어떤 여행사의 어떤 상품을 선택하는지에 따라서 여행 만족도가 완전히 달라질 수 있다. 불필요한 여행 코스들이 추가될 수 있으니 미리 체크하는 것이 좋다. 최근에는 패키지여행의 장점과 자유여행의 장점을 결합한 세미 패키지여행의 형태(컨티키, 트라팔가 등)도 생겨났으니 참고해보자.

[3] 큰 일정은 여행사가 정해주는, 호텔팩

호텔팩은 여행사가 항공권과 호텔을 결정해주고 나머지 여행 과정은 개인이 알아서 하는 여행 방법이다. 주의할 점은 호텔들의 상태를 체크하는 것과 중심지와의 거리 등이다. 개별적으로 예약하는 것보다 저렴한 경우가 많다. 단 도시 이동을 여행사가 결정하기 때문에 해당 스케줄을 따라야 한다. 일정을 변경하는 것은 가능하나 추가 비용이 발생할 수 있으니 고려해서 결정하자!

Q6

각종 증명서를 어떻게 챙겨야 하나요?

1 자동차 렌트를 계획했다면 꼭 챙기자

해외에서 자동차를 운전하려면 국제 운전면 허증은 반드시 챙겨야 한다. 더불어 이탈리 아에서 자동차를 렌트하려면 국제 운전면허 증과 함께 국내 운전면허증, 해외에서 사용 가능한 신용카드가 필요하다. 체크카드로는 자동차 렌트가 불가능하다.

2 해외여행자 보험, 보상 혜택 체크

해외여행자 보험은 여러 개 가입하지 않아도 된다. 여러 개에 가입해도 보상은 하나만 받 을 수 있기 때문이다. 따라서 개수보다는 보 상 혜택에 집중하자. 보험사별, 상품별로 보 상 혜택이 다르니 여행하고자 하는 나라에 맞 는 상품을 찾아 가입하자. 이탈리아는 소매 치기가 많으니 도난 시 보상을 잘 해주는 상 품으로 가입하는 것이 좋다.

3 국제학생증 & 유스호스텔증

학생들은 국제학생증이 있으면 할인을 받기 가 쉽다. 하지만 이탈리아는 생각보다 학생 할인이 많지 않은 나라이다. 유스호스텔증도 호스텔을 이용할 경우 필요하지만, 이탈리아 는 호스텔증이 없어도 호스텔 예약이 가능하 다. 또한 가격 할인 혜택이 적어 크게 필요하 지 않다. 유럽의 다른 나라(프랑스, 영국, 독 일 등)를 함께 여행할 계획이라면 ISIC 홈페 이지(www.isic.org)에서 나라별 혜택을 확 인하고 발급 여부를 결정하면 된다.

Q7

이탈리아 기차표를 예약하고 싶을 때는?

1 장거리 기차여행은 예약 필수!

이탈리아 내에서 기차로 장거리 구간을 여행할 계획이라면 예약은 필수이다. 슈퍼 이코노미 요금제를 이용하면 훨씬 저렴한 가격에 티켓을 살 수 있다. 이때 이탈리아 철도청, 트렌 이탈리아 홈페이지(www.trenitalia.com)를 활용하자. 단 홈페이지 예약 시 오류가 빈번하기 때문에 구매하려는 구간을 모두 묶어 한 번에 결제하는 것이 좋다. 언어에 자신이 없다면 트렌 이탈리아 한국 사이트(www. trenitalia.co.kr)를 활용해도 된다. 여기에서 진행 중인 할인 프로모션, 상시 할인 등도 챙겨보자.

2 야간열차는 되도록이면 피하자

야간열차는 우선 체력적으로 힘들다. 아무리 침대칸이라 해도 달리는 열차에서 자는 잠이 편할 수는 없다. 또한 새벽에 도착하는 경우가 많다. 이때는 관광지를 비롯해 식당, 카페 등이 문을 열지 않아 도착해도 크게 할 수 있는 일이 없다. 운이 없다면 야간열차에서 잠든 사이 소매치기를 당할 수도 있으니 여러 가지로 득이 없는 선택이다. 이탈리아의 야간열차를 경험해보는 것이 여행의 TO DO LIST가 아니라면 피하자.

3 이탈리아에서 열차표 구매는 어떻게?

짧은 구간, 날씨에 따라 변동이나 제약이 많은 구간의 경우 이탈리아 현지에서 티켓을 구매하는 것이 좋다. 이때는 공용 컴퓨터보다 자동판매기를 활용하면 언어적인 문제를 해결하면서 편리하게 이용할 수 있다. 또한 이탈리아만 여행할 계획이라면 유레일패스도 굳이 필요하지 않다. 이탈리아에서는 유레일패스가 있어도 별도 예약을 해야 하므로 현장에서 사는 것이 더 저렴하다.

Q8

이탈리아에서 렌터카를 빌리려면?

1 렌터카, 인터넷 예약을 활용하자

운전자 정보, 픽업 장소와 날짜, 시간, 차량 종류, 내비게이션 등의 추가 옵션 여부를 먼저 정하고 인터넷을 통해 예약을 진행하면 된다. 일반적으로 인터넷 예약을 할 경우 현지 예약보다 저렴한 가격에 렌터카를 이용할 수 있다. 렌터카 브랜드 허츠의 경우 온라인 예약 시 현지에서 바로 이용하는 것보다 약 30%가 저렴하며 다양한 할인 프로모션, 제휴 호텔 및 항공사 마일리지 적립 등의 혜택을 제공한다. 또한 항공기 연착 등 예상 불가능한 문제를 걱정하는 여행객들을 위해 도착 항공편 정보를 입력하면 항공기 연착 시에도 예약을 보장해준다.

2 사전 준비는 최대한 꼼꼼하게!

렌터카 예약을 완료했다고 끝이 아니다. 여행지에서 자동차를 이용하는 것이기 때문에 사전 준비를 철저하게 하면 할수록 안전한 여행을 할 수 있다. 국제 운전면허증, 국내 운전면허증, 여권, 신용카드, 온라인 예약번호 또는 예약 확인서를 반드시 챙겨야 한다. 또한 예약을 하면서 예약번호, 예상요금, 반납지역과 편도 반납 시의 추가 비용, 주의해야 하는 사항도 꼼꼼하게 체크해야 한다. 마지막으로 자동차 보험을 챙기자. 해외에서 직접 운전을 하면 대중교통을 이용할 때보다 예상치 못한 문제가 발생할 확률이 높아진다. 이렇기에 여행을 하는 동안 문제를 최소화할 수 있는 방법은 사전에 체크하는 것뿐이라는 사실을 잊으면 안 된다.

3 업체별 혜택 비교는 필수

렌터카 예약을 하기 전 업체별 회원 혜택, 특별 서비스 등을 찾아보길 권한다. 렌터카 브랜드 허츠의 경우 골드회원으로 가입하면 별도 서류 작성 없이 차량 픽업, 회원 전용 할인 프로모션, 포인트 적립 및 차량 무료 업그레이드 등의 혜택을 제공한다. 이렇게 업체별 혜택을 비교해 좀 더 완벽한 렌터카 여행을 계획해보자.

4 주의사항을 꼼꼼하게 챙기자

대부분의 주의사항은 국내 운전과 동일하다. 교통법규 준수, 안전벨트 착용, 운전 중 휴대전화 사용 금지 등은 꼭 지켜야 한다. 이외에도 이탈리아에서 반드시 지켜야 하는 법규들도 있다. 우선 진입제한구역(ZTL – Limited Traffic Zone)에 들어가지 않도록 주의해야 한다. 이탈리아에는 진입제한구역이 많은데, 이곳은 사전 등록된 차량 외에는 들어갈 수 없으며 무인 카메라로 단속 중이기 때문에 진입제한 표시가 보이면 차를 돌려야 한다. 도시 도로(50km/h), 교외 지역 도로(90km/h), 간선 도로(110km/h), 고속도로(130km/h) 등의 제한속도를 준수해야 한다. 또한 고속도로 주행 시 하향등 이용, 우측통행, 주차선 체크(흰색은 무료, 노란색은 예약된 곳, 파란색은 유료), 주차장 정보까지 놓치지 말자.

이탈리아 드라이브 코스 정복

[사랑이 샘솟는 로맨틱한 드라이브 코스]

밀라노 —83km/1시간 10분— 코모 호수 —235km/2시간 45분— 베로나 —115km/1시간 20분— 베네치아

[환상적인 투스카니 시골길 드라이브 코스]

피렌체 —76km/1시간 20분— 시에나 —66km/1시간— 몬테풀치아노 —70km/1시간— 오르비에토 —122km/1시간 40분— 로마

[리비에라 해안 드라이브 코스]

밀라노 —148km/2시간— 제노아 —81km/1시간 20분— 친퀘테레 —107km/1시간 30분— 피사

몬테풀치아노(Montepulciano)에서 약 20분 거리에 있는 몬티 키엘로 (Monticchiello)의 길을 달려보자. 세계문화유산에 등록된 지역이며, 영화 <투스카니의 태양>에 나온 길이 마음을 사로잡을 것이다.

이탈리아 도로 표지판 정보

진입제한구역
Limited Traffic Zone - ZTL

이탈리아에는 많은 지역에 진입제한구역(ZTL)이 위치한다. 사전 등록된 차량(버스, 택시, 거주민 차량 등) 외 이 지역에 진입한 차량은 무인 카메라로 단속되기 때문에 제한구역 표지판이 보이면 우회해야 한다. 숙박시설이 해당 구역 내에 있는 경우 숙박업체에 사전 연락하여 임시 차량 등록을 해야 한다.

속도제한
Speed Limit

도시 도로 50km/h, 교외 도로 90km/h, 간선도로 110km/h, 고속도로 130km/h 등의 속도제한이 있다. 각 도로에는 숨겨진 스피드 카메라가 작동하고 있어 위반 시, 범칙금이 부과된다.

고속도로 통행료
Toll on Motorways

이탈리아 고속도로 통행료를 내는 방식은 우리와 비슷하다. Telepass 이용 차선, 카드 또는 현금으로 납부하는 차선이 나눠져 있다. Telepass는 우리나라의 하이패스를 생각하면 된다. Telerent를 대여해 이용할 수 있다. 그 외 차선은 카드로만 결제되거나 현금으로만 결제되는 곳, 둘 다 가능한 곳으로 나눠져 있다. 또한 사람이 해주는 곳과 기계를 이용해 셀프로 해야하는 경우도 구분된다. 비용은 구간에 따라 다를 수 있다.

차선 규율
Lane discipline

항상 오른쪽 차선을 이용해야 한다. 위반 시, 범칙금이 부과된다.

휴대폰
Mobile Phones

운전 중 통화는 핸즈프리를 사용할 때만 가능하다. 휴대폰으로 통화하는 것이 적발될 경우 범칙금이 부과된다.

혈중 알코올 농도
Blood alcohol content

이탈리아에서 혈중 알코올 농도의 합법적 최대수치는 0.5gr/l이다. 이를 위반할 경우, 범칙금이 부과된다. 안전을 위해 운전 시에는 알코올을 섭취하지 않아야 한다.

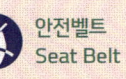
안전벨트
Seat Belt

운전자 및 동행자의 안전벨트 착용은 의무이다. 이를 위반할 시, 범칙금이 부과된다.

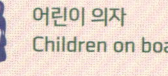 어린이 의자
Children on board

만 12살 이하의 어린이는 허가받은 아동용 카
시트를 사용해야 한다. 이를 위반할 경우 범칙
금이 부과된다.

스노 체인
Snow Chains

겨울철에는 스노 체인 및 타이어를 의무적으로
사용해야 한다. 이는 렌터카를 대여할 때 업체
에 문의하면 된다.

P 주차
Parking

주차할 때는 주차선 색에 유의해야 한다. 흰색
주차선은 무료, 노란색 주차선은 예약된 곳, 파
란색 주차선은 유료이다. 위반 시, 범칙금이 부
과된다.

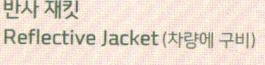 반사 재킷
Reflective Jacket (차량에 구비)

운전자가 도로, 긴급 대피 차선, 갓길 위에서 내
릴 시 시야가 좋지 않다면 의무적으로 반사 재
킷을 착용해야 한다. 이를 위반할 경우 범칙금
이 부과된다. 반사 재킷은 차량에 구비되어 있
으니, 차량 렌트 시 확인하자.

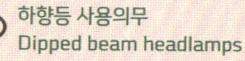 하향등 사용의무
Dipped beam headlamps

고속도로 및 국도 주행 시 낮 시간을 포함해 언
제나 하향등을 이용해야 한다.

Q9

면세점 똑똑하게 이용하는 방법은?

정가의 30-50% 저렴한 가격으로 제품을 구입할 수 있는 면세점 쇼핑은 해외여행을 계획하면서 가질 수 있는 또 하나의 즐거움이다. 특히 공항에서뿐만 아니라 여행 계획이 완료되면 '시내면세점'과 '인터넷 면세점'도 이용할 수 있다. 면세점 쇼핑도 여러 선택지가 있으니 꼼꼼하게 알아보고 똑똑하게 이용하자.

[1] 다양한 종류의 면세점, 어떻게 이용하면 될까?

여행 계획을 세운 후 출국까지 시간적인 여유가 있다면 시내면세점과 인터넷 면세점을 이용하는 것이 유리하다. 멤버십 할인, 쿠폰, 적립금 등 여러 혜택을 활용하면 조금 더 저렴한 가격에 제품을 구입할 수 있다. 단 비행기 시간, 여행 목적지에 따라 구매 제한이 있을 수 있으니 미리 체크해보자. 시내면세점의 경우 운영 시간을 확인하고 방문해야 한다. 시내에서 가장 늦은 시간에 면세점 쇼핑을 할 수 있는 곳은 밤 11시까지 운영하는 동대문 두타면세점이니 참고하자.

* 두타면세점 본점 : 서울특별시 중구 장충단로 275
　　　　　　　　두산타워 1F, 7F~13F
* 두타인터넷면세점 : www.dootadutyfree.com

[2] 면세점 쇼핑을 할 때 알아두어야 할 것은 무엇인가?

우선 여권과 항공권 또는 e 티켓은 필수이다. 항공권 예매가 확정되면 출국일로부터 60일 전부터 면세점을 이용할 수 있다. 내국인의 경우 면세품 구매 한도는 3,000$ (국산품은 제외)이며, 입국 시 면세 한도는 내외국인 모두 국산품과 수입품을 포함해 600$이다. 따라서 입국 시 구매한 면세품의 가격이 600$가 넘을 경우, 자진 세관 신고를 하고 세금 납부를 해야 한다. 제품별로 적용 세율이 다를 수 있으니 구매할 때 미리 체크하자.

인터넷 면세점을 이용하는 경우에는 여권과 항공권 외에 본인 인증이 가능한 핸드폰 번호가 필요하다. 또한 인터넷 면세점에 없는 브랜드나 제품도 '스페셜 오더'로 문의하면 상품 유무 확인 후 주문 가능 여부를 알려준다. 사고 싶은 물건이 명확한 경우 온라인을 활용하면 좀 더 편리하게 원하는 쇼핑을 할 수 있다.

항공권 예매가 확정되면
출국 60일 전부터 면세점을
이용할 수 있다.

쿠폰이나 멤버십 혜택 등이
면세점마다 다르니 이용하기 전
미리 확인해보면 좋다.

시내 또는 인터넷 면세점에서 구매한 제품은
출국 시 면세품 인도장에서 수령이 가능하다.
여권과 항공권, 제품 교환권 등을 제시해야 하니
잊지 말고 챙기도록 하자.

³ 면세점을 똑똑하게 이용하는 방법은?

대부분의 면세점에서는 멤버십 제도와 다양한 할인 쿠폰 프로모션을 진행하고 있다. 회원 가입을 하면 회원 전용 기본 할인 혜택을 받을 수 있으며, 구매 금액과 가입 기간을 기준으로 쿠폰, 적립금 혜택이 다르게 제공된다. 특히 인터넷 면세점에서는 기본 멤버십과 별도로 구매 등급 제도가 있어 더욱 실속 있는 면세 쇼핑을 즐길 수 있다. 두타면세점의 경우 회원 등급별로 최대 20%까지 기본 할인 혜택을 제공한다. 각 면세점 별로 운영하는 이벤트에도 주목하자. 해외여행 전 부지런한 면세점 쇼핑 정보 탐색은 필수!

⁴ 구매한 제품은 어떻게 받으면 될까?

시내면세점, 인터넷 면세점을 이용해 구매한 제품은 출국 당일 공항 인도장에서 찾을 수 있다. 면세품 수령은 반드시 출국하면서 해야 한다는 점을 잊지 말자. 해외에서 한국으로 돌아올 때는 면세품 수령이 불가하다. 면세품 인도장에서는 본인이 구매한 제품만 수령이 가능하다. 제품 수령 시에는 여권과 항공권, 제품 구매 시 받았던 교환권을 제시해야 하며, 인도장에서 상품을 확인하고 문제가 있으면 바로 직원에게 문의해야 한다. 이후 환불이나 교환이 어려울 수 있으니 물건을 받으면서 바로 확인하는 것이 좋다.

Q10

스마트폰 로밍과 심 카드 구매는 어떻게 하나요?

[1] 데이터 로밍 VS 심 카드

데이터 로밍은 하루에 1만 원 정도 비용이 발생한다. 그러나 데이터 로밍을 했어도 이탈리아에서 한국과 같은 인터넷 속도를 기대할 수 없다. 4일 이상 여행을 계획한다면 심 카드를 구매하는 것이 효율적이다. 데이터 로밍 요금의 1/3 수준이며, 현지 이용 속도도 더 빠르다. 단, 심 카드를 구매할 때는 여행 일정 동안 사용할 데이터양, 문자 수, 통화량 등을 잘 계산해야 한다. 30일간 2-4GB, 통화 100-200분, 문자 이용 등을 포함한 요금이 약 20-30€. 심 카드 케이스에 적힌 번호가 새로운 핸드폰 번호가 되는 셈이니 잊지 않게 적어두고, 심 카드마다 가진 고유 핀 번호도 꼭 체크해두자. 핸드폰을 껐다 켜거나 심 카드에 문제가 생겼을 때 필요하다. 심 카드는 이탈리아 현지에서도 구매 가능하지만 우리나라에서도 살 수 있다. 현지보다 우리나라에서 인터넷으로 구매하는 것이 더 저렴한 경우가 있으니 미리 비교해보자.

[2] 인터넷은 숙소에서!

호텔에서는 유료 또는 무료로 인터넷을 사용할 수 있으며, 민박에서는 대부분 무료로 가능하다. 노트북을 가지고 여행하는 사람이라면, 숙소를 예약하면서 무선 인터넷이 가능한지 문의하자. 단 어느 곳이나 속도는 느린 편이니 용량이 큰 파일을 다운로드하거나 전송하는 것은 미션 임파서블임을 기억하자.

Q11

세금 환급, 어떻게 받으면 되나요?

1 이탈리아만 여행하는 경우

한 가게에서 155€ 이상 구매하면 20%(대행 수수료를 제외하면 16-18%)를 환급해준다. 이탈리아만 여행하는 경우 출국 날 공항에서 환급받으면 된다. 상점에서 155€ 이상 구매하고, 세금 환급 서류를 작성한다. 이때 받게 되는 규격 세금 환급 서류와 택스 프리마크가 찍힌 규격 봉투를 잘 보관해야 한다. 이후 공항에 가서 체크인을 하고 항공권을 발급받을 때 택스 리펀이 있음을 알린다. 그러면 캐리어의 무게를 측정한 후 스티커를 붙인 캐리어를 다시 돌려준다. 이후 세관에서 세금 환급 서류에 도장을 받는다. 구매한 물건은 사용하지 않고 포장 상태여야 한다. 도장을 받고 나오면 짐을 부칠 수 있는 곳이 있는데, 그곳에 수속 때 붙인 스티커가 손상되지 않게 캐리어를 넣으면 된다. 만약 짐을 기내에 들고 탈 예정이라면 정상적으로 수속을 끝내고 세금 환급 서류에 도장을 받으면 된다. 한국에 입국할 때 600$ 이상 구매했다면 추가 세금을 내야 하는데 세금 환급 후 금액이 기준이므로 서류를 반드시 챙기자.

2 유럽 다른 나라를 함께 여행하는 경우

이탈리아 이후 유럽의 다른 나라들도 여행할 계획이라면 세금 환급은 두 가지 경우로 나눌 수 있다. EU에 가입된 나라들은 마지막 체류 국가에서 한 번에 세금을 환급받을 수 있다. 그러나 스위스 등 EU에 가입하지 않은 국가들은 해당 국가를 벗어날 때 환급을 받아야 한다. 이탈리아에서 스위스로 기차를 이용해 이동하는 경우, 도모도 솔라 기차역에서 환급받을 수 있다.

3 신용카드보다 현금으로 받자

세금 환급을 카드로 받을 경우 사고가 워낙 자주 일어나기 때문에 현장에서 현금으로 받는 것이 더 좋다. 이때 달러나 한국 돈으로 받기보다 환율이 좋은 유로로 받는 것을 추천한다.

Q12

이탈리아 여행 시 꼭 챙겨야 하는 마음가짐은?

1 강약 구분을 하자

모든 여행을 연수처럼 짜면 안 된다. 이틀은 많이 보고 여러 곳을 다니는 힘든 여행을 했다면 하루 정도는 천천히 돌아다니는 것이 좋다. 이때 대도시 주변의 소도시 여행을 계획해보는 것을 추천한다. 대도시에서 1시간 거리에 있는 소도시들은 이탈리아가 간직한 오랜 역사를 보여준다. 천연의 모습을 그대로 만날 수 있어 대도시보다 더 매력적인 곳들이 많다. 일정이 짧으면 어쩔 수 없이 스케줄이 빡빡해지겠지만, 그래도 여행의 강약을 만들어 주는 여유가 꼭 필요하다.

2 욕심을 버리자

며칠 동안 한 나라의 모든 것을 다 경험하고, 볼 수는 없다. 본인이 여행을 통해 얻고 싶은 것과 보고 싶은 것, 어떤 부분에 중심을 두고 여행하고 싶은지 등을 확실히 하는 것이 좋다. 또한 여행 중간중간 마음을 움직이는 곳을 만났다면, 유적지 하나를 더 보겠다는 욕심보다 그곳을 더 느끼겠다는 마음을 가지기를 추천한다.

3 나쁜 일은 빨리 털어버리자

여행은 예상치 못한 일의 연속이다. 아무 일 없이 여행하는 게 가장 베스트지만 종종 물건을 분실하거나 길을 잃는 등 마음 상하는 일들이 일어날 확률이 높다. 목적지를 찾아가는 것 자체도 여행의 일부분이니 불쾌한 경험은 되도록 빨리 털어버리고 즐거운 여행에 집중하도록 하자.

PART

2

About

이탈리아, 어디까지 알고 있니?

여행지에 대해서 얼마큼 알고 떠나느냐에 따라
우리가 보고, 듣고, 느낄 수 있는 범위가 달라진다.
특히 긴 역사를 간직한 이탈리아의 경우 기본 배경 지식이
여행의 질을 결정하는 중요한 포인트이다. 그래서 준비했다.
이것만큼은 꼭 알고 떠나자!

POINT

01

이탈리아의 역사
HISTORY

● 이탈리아는 한반도의 1.5배가 채 안 되는 반도에 6,000만 명의 인구가 사는 나라이다. 더불어 유럽을 이끌며, 지중해 한복판에 장화 모양으로 튀어나온 지리적 특징 때문에 서양 세계의 배꼽과도 같은 위치를 차지하고 있다. '모든 길은 로마로 통한다'라는 말이 나온 이유도 이 때문이다. 이 말에서 알 수 있듯, 유럽에서 로마의 역사는 아주 중요한 부분이다. 그 로마의 역사가 이탈리아의 과거사이다.

로마는 조그만 도시 국가로 시작해 유럽은 물론 아시아, 아프리카에 이르는 넓은 영토를 차지했다. 지금으로부터 2,000년 전 일이니 지금처럼 교류나 대륙이동이 활발하지 않았던 당시에는 로마가 곧 세계라는 표현도 틀리지 않았을 것이다. 1,500년에 가까운 시간 동안 이어진 로마 역사는 이후 유럽 모든 나라에 영향을 미쳤다.

그 중심이 바로 이탈리아이다. 덕분에 세계 어느 나라와 비교해도 이탈리아만큼 복잡한 역사를 찾아보기 어렵다. 한 나라가 아니라 여러 나라의 역사를 모아놓은 느낌이다. 로마제국이 멸망하고 1,400년이라는 세월이 흐르는 동안 이탈리아는 여러 갈래의 땅으로 나뉘었으며 통일을 이루지 못하고 흥망성쇠를 겪었다. 그러다 1870년이 되어서야 에마누엘레 2세에 의해 통일된 이탈리아를 완성한다. 1,000년이 넘는 시간 동안 여러 갈래의 나라로 나뉘어 살아왔으니 그 역사가 복잡한 것도 이해가 되는 부분이다.

그렇다면 과연 이탈리아를 어떻게 설명할 수 있을까? 이탈리아는 라틴계 민족의 한 줄기였지만, 크게 활약하지 못하고 로마인에게 눌려 오랜 세월 기를 펴지 못한 고대 민

족이었다. 현재 이탈리아반도에 살던 원주민이었기 때문에 땅의 이름이 이탈리아가 된 것이다. 그러나 이탈리아반도에 사는 이들을 이탈리아인이라고 부르기는 했지만, 정작 그곳에 사는 누구도 자신이 이탈리아인이라고 생각하지 않았다. 그렇기에 서로 다른 여러 도시 국가로 발전했고, 그만큼 통일이 어려운 나라가 됐다.

나폴리와 시칠리아는 왕이 다스리는 봉건 국가였고, 토스카나 일대는 세도가들이 다스리는 공국이었으며 베네치아는 지도자를 선거로 뽑는 공화국이었다. 여기에 북쪽 지방은 오스트리아 영토였다. 그런데도 하나의 통일된 이탈리아를 만들겠다는 의지를 가진 이들이 있었고, 1820-1821년 이탈리아 통일 운동을 위해 비밀 결사 조직인 리소르지멘토가 결성됐다. 이탈리아에서 통일이라는 말 대신 '다시 소생함'이라는 의미를 가진 리소르지멘토를 사용하는 것은, 평면적인 통일이 아니라 부활의 의미를 담고자 했던 것이다. 과거의 영광스러운 역사를 이어받겠다는 의지를 내포한 것이다.

이렇게 수많은 난관을 이겨내고 이탈리아는 1870년 비토리오 에마누엘레 2세에 의해 통일 이탈리아를 완성했다. 이후 제1, 2차 세계대전을 거치고 1948년 이탈리아 공화국이 출범했으며 지금까지도 경제, 사회, 문화 등 다양한 분야에서 세계를 이끌어 나가는 나라로 자리하고 있다. 이탈리아 여행을 하면서 이런 역사를 한 번쯤 떠올려 본다면, 여행지 곳곳의 의미가 새롭게 다가올 것이다.

+ 재미있는 한 뼘 스토리 01

로마 건국의 시조, 로물루스와 레무스 형제

옛날 옛적에는 인간의 모습을 한 신들이 살고 있었다. 신들은 인간과 똑같은 모습과 감정이 있었지만, 영원히 죽지 않는다는 차이가 있었다. 군사와 전쟁의 신인 마르스는 신 중에서 청년에 속했다. 그런 마르스가 어느 날 지상으로 산책을 나와 인간 여자 레아 실비아를 만난다. 한눈에 실비아에게 반한 마르스는 사랑을 고백했고, 얼마 후 실비아는 쌍둥이를 낳는다. 그러나 이미 아내가 있던 마르스는 인간과의 사이에서 낳은 아이들이 문제가 될 것이라고 생각해 강물에 흘려보낸다. 테베레강을 따라 바구니에 실려 떠내려가던 쌍둥이는 늑대에게 발견돼 늑대의 젖을 먹고, 늑대의 아이로 자라난다. 이들이 로물루스와 레무스 형제로, 로마를 세운 시조이다. 늑대 젖을 먹은 쌍둥이 형제는 로마의 상징으로, 지금도 로마 카피 톨리니 박물관에 청동 동상으로 남아있다.

POINT

02

이탈리아의 인물
PERSONAGE

● 이탈리아 역사에 등장하는 영웅, 왕, 대표적인 인물들은 무수히 많다. 그러나 하나의 나라 이탈리아라는 기준으로 보면 꼭 알아야 하는 인물들이 있다. 바로 이탈리아의 통일을 위해 큰 영향을 미친 인물들이다.

첫 번째 인물은 통일 운동의 정신적 지도자 주세페 마치니이다. 제노바 출신인 마치니는 1827년 비밀 결사 카르보나리당에 입당해 오스트리아에 저항해 싸웠으며, 1831년 청년 이탈리아당을 결성해 이탈리아의 자유, 독립, 통일을 표방했다. 다만 그는 공화국으로써의 이탈리아만을 원했기 때문에 왕을 인정하지 않았다. 덕분에 그의 인생은 투옥, 추방, 망명의 연속이었다. 그런데도 자신의 조국 이탈리아에 대한 애정과 열정, 혁명가로서의 정신은 지금까지도 잊히지 않고, 이탈리아 사람들의 마음에 남아있다.

두 번째 인물은 주세페 가리발디이다. 게릴라 군을 이끈 장군이었던 그는 평생을 혁명과 통일에 바친 인물이다. 가리발디는 먼저 왕국 형태로 통일을 이루고 궁극적으로는 공화국으로 변화해가야 한다고 생각했다. 마치니와는 같은 목표를 가지고 있었으나 방법이 달랐기에 어쩔 수 없이 숙명의 라이벌이었다. 결과적으로 먼저 왕국으로의 통일을 주장한 가리발디가 에마누엘레 2세와 손잡고 이탈리아 통일을 완성하게 된다.

세 번째 인물로 카밀로 벤소 디 카보우르가 있다. 탁월한 외교가였던 그는 외교를 통해 이탈리아 통일에 공을 세웠다. 프랑스 힘을 빌려 오스트리아 합스부르크 왕가를 이탈리아 땅에서 몰아내고 영토를 확장했다. 1860년 로마를 비롯한 대부분의 지방에

서 통일 이탈리아에 가담하는 국민 투표를 실시, 이탈리아반도의 중북부를 합한 왕국 건설을 가능하게 했다. 통일이 완성되자 카밀로는 "이탈리아는 창조되었다. 이제 이탈리아인을 창조할 차례이다."라고 말했다.

마지막 중요 인물은 통일 이탈리아의 첫 군주인 비토리오 에마누엘레 2세이다. 그는 통일 이탈리아의 상징적 존재이다. 덕분에 이탈리아 어떤 도시를 가도 가장 번화한 곳이나 광장에는 이 왕의 이름이 붙어 있거나, 왕의 모습을 재현한 동상이 있다. 1870년, 이탈리아 통일 운동인 리소르지멘토 운동이 시작된 지 반세기 만에 이탈리아는 통일을 하게 된다.

이탈리아 통일 운동에 예술도 한몫했다. 시인 펠리코는 오스트리아로 끌려가 감옥생활을 하면서 <나의 옥중기>를 써 이탈리아 청년들의 애국심을 불태웠다. 우리에게도 유명한 작곡가 베르디는 탄압받는 민족의 투쟁과 승리를 주제로 한 오페라를 통해 국민들의 독립 의지를 높였다. 특히 그의 오페라 <나부코>에 나오는 '히브리 노예들의 합창'은 독립운동을 하던 시기에 국가처럼 불리기도 했다.

이 밖에도 이탈리아에는 수많은 예술가들이 있다. 그들이 꽃피운 예술의 결과물들이 지금도 이탈리아 각 도시마다 남아있다. 여행하는 중간중간 만나는 모든 모습들이 그들의 삶과 노력인 것이다. 여행을 할 때 아는 만큼 보고 느낄 수 있다는 말이 있다. 모든 나라가 그렇지만, 이탈리아는 특히나 아는 범위에 따라 여행의 깊이가 달라지는 대표적인 나라이다. 그만큼 나라 곳곳에 역사 이야기, 사람 이야기를 숨기고 있기 때문이다. 이런 배경을 알고 떠나는 것이 이탈리아를 더 깊게 여행할 수 있는 방법이 될 것이다.

+ 재미있는 한 뼘 스토리 02

베르디의 비밀

베르디가 작곡한 오페라 공연이 막을 내리면 모든 관중이 일어나 베르디를 외쳤다. 이는 작곡가 베르디를 칭송하기 위한 것도 있지만, 또 다른 의미도 가졌다. 베르디라는 말이 이탈리아의 독립과 통일을 상징하는 단어였던 것. 비토리오 에마누엘레 2세를 중심으로 이탈리아 통일을 이루자는 의미가 담긴 "Viva Emanuele, Re D'Italia"(이탈리아 왕, 에마누엘레 만세)의 줄임말이 바로 베르디였기 때문이다.

POINT

03

이탈리아의 예술
ART

● 이탈리아는 고대부터 중세, 르네상스에 이르기까지 유럽 예술의 결과가 모인 나라이다. 이탈리아 미술의 역사를 이해하면 서양 미술사의 2/3를 이해한 것과 같다는 이야기가 있을 정도. 그만큼 이탈리아 예술은 그 깊이가 깊고, 역사가 길다. 로마 예술을 시작으로 도시 국가 형태로 발전하면서 도시마다 경쟁적으로 예술가들을 후원하고 더 좋은 예술 작품, 예술 결과물을 쏟아내기 위해 금전적 지원을 아끼지 않은 결과이기도 하다. 덕분에 이탈리아는 르네상스가 가장 꽃핀 나라이다. 이탈리아 예술의 흐름을 이해하고 여행한다면, 마치 그 당시 예술과 문화를 직접 대면한 느낌을 받을 수 있을 것이다.

로마와 폼페이를 여행하면 고대부터 르네상스 이전 시대까지의 예술을 경험할 수 있다. 고대의 절제된 아름다움이 느껴지는 카피 톨리니의 비너스, 헬레니즘 시대의 화려한 아름다움이 담긴 예술품들이 가득한 바티칸 박물관, 르네상스 이전까지의 로마 시대 생활상을 볼 수 있는 폼페이 유적지, 카타콤베, 산 마르코 대성당까지. 이탈리아가 간직한 예술 작품들은 끝이 없다.

이탈리아 예술의 최전성기는 르네상스 시대라 할 수 있다. 아르노강을 따라 크고 작은 수많은 도시들이 모여 이른바 '아트 클러스터'를 형성했다. 길이 240km에 배도 제대로 다니지 않는 아르노강 유역의 도시에서 태어나 활동한 사람들로는 시인 단테와 페트라르카, 천재 중의 천재라 불리는 미켈란젤로와 레오나르도 다 빈치, 화가 조토와 보티첼리, 건축가 미켈로초와 브루넬레스키, 조각가 도나텔로 등이 있다.

38

그중에서도 이탈리아 여행책마다 등장하는, 가장 많은 이들이 보고 감탄하는 예술 작품을 완성한 두 명의 천재에 대해서는 꼭 알고 여행길에 올랐으면 한다. 바로 미켈란젤로와 레오나르도 다 빈치이다.

+ 미켈란젤로의 피에타, 천지창조, 최후의 심판

라 베르나에서 남쪽으로 한 시간 정도 내려오면 작은 마을 카프레세가 나온다. 지금도 주민이 2,000명이 채 안 되니 미켈란젤로가 살던 500년 전에는 정말 작은 공동체였을 것이다. 이 작은 마을에서 세기의 천재 예술가 미켈란젤로가 태어났다. 그는 가족들이 6개월간 카프레세에 머물 때 태어났고, 이후 가족들이 피렌체로 옮겨 갈 때 세티나뇨 산골 채석장 유모에게 맡겨졌다. 덕분에 어린 시절부터 각종 돌, 대리석, 조각 작품, 석수와 조각가들 사이에서 자랐고, 6살에 처음 망치와 끌을 들었다.

미켈란젤로는 1488년 기를란다요 공방에 들어간다. 그러나 스승과 별로 사이가 좋지 않았던 그는 1년도 지나지 않아 그곳을 나와 도나텔로의 제자이자 조각가인 베르톨도 밑에서 수업을 받게 된다. 공방은 메디치 조각 학교였는데, 메디치 가문의 후원으로 젊은 조각가들을 양성하는 곳이었다. 미켈란젤로는 베르톨도를 통해 조각 거장 도나텔로의 모든 것을 흡수했다.

미켈란젤로가 이탈리아를 대표하는 조각가로 인정받은 작품은 15세기 최고의 걸작으로 꼽히는 <피에타>이다. 로마 교황청의 주문을 받아 완성한 <피에타>는 아들을 내려다보는 어머니의 표정에 많은 이야기를 담고 있다. 이후 교황 율리우스 2세로부터 시스티나 성당의 천장 벽화를 그리라는 주문을 받았다. 그는 천장에 아담과 이브, 노아의 방주를 비롯해 구약성서의 여러 장면과 예언자들의 모습을 그려 넣었다. 20m가 넘는 천장까지 올라가서 기우뚱한 자세로 붓을 놀리면서도 미켈란젤로는 놀랄 만큼 빠른 작업 속도를 보였다. 그렇게 탄생한 작품이 <천지창조>이다. 그의 예술혼은 여기서 그치지 않고, 1541년 크리스마스 날 <최후의 심판>을 완성했다. 미켈란젤로는 죽은 자가 부활할 때 어떻게 하여 뼈와 살을 되찾는지를, 어떻게 하여 그들이 되살아난 사람들의 도움으로 축복받은 영혼들이 있는 천국으로 높이 날아가는지를 보여 주었다. 그러나 <천지창조> 때문에 이단이라는 공격을 받게 되고, 미켈란젤로는 죽을 때까지 그 고통에서 벗어나지 못했다. 미켈란젤로는 모세, 다비드 등의 조각상도 남겼으며, 말년에는 자신을 위한 <피에타>를 제작하기도 했다. 자기 무덤에 놓기 위해 만든 <피에타>는 미완성이었는데, 기존의 <피에타>와는 전혀 다른 모습이었다. 지금은 피렌체 두오모 박물관에 남아있다.

미켈란젤로는 자신을 조각가라 여겼다. 평생 대리석 조각에 몰두했으며 돌을 따뜻하게 쓰다듬는 예술가였다. 조각, 회화, 건축이라는 조형 예술의 3대 장르를 대표하는 가장 탁월한 작품들을 남긴 미켈란젤로, 그는 현재 피렌체의 산타 크로체 성당에서, 전설적인 예술가이자 천재 예술가가 되어 쉬고 있다.

+ 천재 중에 천재, 레오나르도 다 빈치

레오나르도 다 빈치를 생각할 때 <모나리자>와 <최후의 만찬>을 떠올리기 때문에 그를 화가로만 생각하기 쉽다. 하지만 그의 일생 중에서 화가로 보낸 시간은 극히 일부에 지나지 않는다. 레오나르도 다 빈치는 물리학, 해부학, 공학, 음악, 건축, 도시 계획에 이르는 모든 분야에서 혁신적인 아이디어를 가진 천재였다. 이런 아이디어를 6,000장이 넘는 메모와 스케치로 남겼는데 이 중에는 기계에 대한 설명과 모형도, 다양한 인체 해부도, 물의 흐름을 비롯한 자연 현상에 대한 관찰 기록 등도 있다. 이탈리아 정부도 과학자로서의 레오나르도 다 빈치의 업적을 기리기 위해 그의 고향인 빈치에 '레오나르도 다 빈치 국립 과학박물관'을 설립하기도 했다.

레오나르도 다 빈치의 발전 과정은 크게 3단계로 구분할 수 있다. 첫 단계는 1452년 출생부터 1467년까지 빈치에서 보낸 시기이다. 이때 그는 자신의 예술적 능력을 자각하게 된다. 이후 두 번째 단계는 1467년부터 1482년까지 피렌체에서 베로키오와 함께 작업했던 시절이다. 다 빈치는 다양하면서도 자유로운 피렌체에서의 생활을 누리면서 자신의 천재성이 미술 분야를 초월한다는 사실을 깨닫는다. 사실 인류 역사에는 무수히 많은 천재가 등장한다. 그러나 다 빈치만큼 다양한 분야를 넘나들며 천재성을 발휘한 인물은 드물다. 예술, 종교, 철학, 건축, 수학, 천문학, 물리학, 해부학 등의 방면에서 당시 사람들로서는 상상조차 할 수 없었던 창의적인 발상을 보여주었으며 이들을 유기적으로 통합시켜 종합예술, 혹은 종합과학 이론으로까지 발전시켰다. 세 번째 단계는 1482년 밀라노의 루도비코 스포르차 공작의 후원을 받기 위해 떠난 시기이다. 밀라노에서 18년을 머물렀는데, 그의 인생 중 이때가 가장 행복한 시절이었을 것이다. 이 시기에 대공의 후원 하에 도미니크 수도회 소속 산타 마리아 델레 그라치에 수도원 식당에 대형 벽화를 그렸는데, 이 작품이 그 유명한 <최후의 만찬>이다. 이어 1503년 피렌체에서 15년 만에 초상화 의뢰를 받아 작업했다. 부유한 상인 프란체스코 델 조콘도의 부인을 그렸는데, 그 작품이 <모나리자>이다.

그러나 이러한 천재성에도 불구하고 레오나르도 다 빈치는 작품을 완성하지 못하는 악순환을 평생 반복했다. 기발한 생각으로 새로 시작하는 일은 많았으나 끝까지 밀고 나가지 못한 탓이었다. <스포르차 공작의 기마상>, <앙기아리 전투>, <성 안나와 성모자>, <모나리자>, <최후의 만찬> 등 대부분 작품이 미완성으로 남아있다. <성 히에로니무스>나 <동방박사의 경배>도 마찬가지이다. 덕분에 완성된 작품은 열 손가락 안에 꼽힐 정도, 만약 다 빈치가 모든 작품을 완성했다면 어땠을까? 그런 상상을 하며 다 빈치의 여정을 따라 이탈리아를 여행해보는 것도 즐거운 일이 되지 않을까?

POINT

04

이탈리아의 건축
ARCHITECTURE

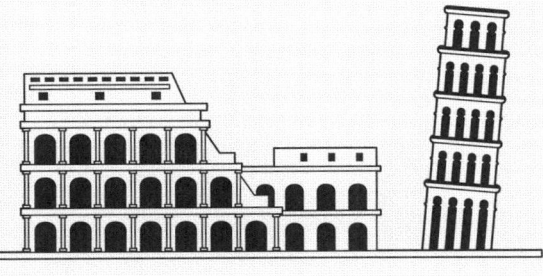

● 이탈리아에서 또 하나 빼놓을 수 없는 포인트는 바로 건축이다. 콜로세움, 두오모, 피사의 사탑, 성 베드로 성당 등 세계적으로 유명한 건축물이 가득한 나라가 이탈리아이다. 긴 역사만큼이나 다양한 특색을 가진 건축물들이 있고, 지역별 특색이 다르다. 그래서 이탈리아 건축을 복잡하고 어렵다고 생각하기 쉽다. 그러나 대표적인 건축 양식을 알면 그와 비슷한 건축물들도 알아볼 수 있다. 시기별 대표적인 건축물 특징을 알고 이탈리아로 떠나자!

첫 시작은 로마 시대 건축물들이다. 로마 시대에는 인류 역사상 위대하다고 평가되는 건축물들이 많이 등장했으며, 이후 서양 건축물들의 바탕이 된다. 특히 로마 건축의 특징은 아치에서 찾을 수 있다. 아치의 사용으로 큰 건물이나 다리 등을 만들 수 있었다. 사실 아치는 메소포타미아 지방의 바빌론에서 처음 만들어졌는데, 이 지방에서 이탈리아반도로 옮겨온 에투리아인들에 의해 로마인들에게 전해졌다. 아치의 도입을 통해 이전 그리스식 건축과 달리 기둥과 기둥 사이가 넓어져 규모가 큰 건축물을 지을 수 있게 되었다. 지금 로마에 남아있는 판테온이 대표적인데, 높이가 43m나 되는 큰 건물을 기둥 없이 지을 수 있었던 것도 아치 덕분이다. 로마 시기에는 바실리카라고 하는 직사각형 모양의 공공 건축물도 지어졌는데, 이런 건축 모양이 후에 성당 건축의 기본 양식이 되었다.

로마가 분열되고 이민족의 침입으로 서로마는 멸망했지만, 동 로마는 이후 천년을 더 이어진다. 이때 이탈리아는 비잔틴 제국의 영향권 아래 있었기에 황금빛 모자이크

로 대표되는 비잔틴 양식의 건축물들이 나타난다. 대표적으로 베네치아의 산 마르코 대성당을 꼽을 수 있다. 특히 각종 보석으로 화려하게 장식된 성당 내부 벽면이 비잔틴 양식의 특징을 잘 보여준다. 더불어 로마가 멸망한 뒤 그 시대 건축물들을 재현해내려는 경향이 강했다. 이때 보이는 양식을 로마적이라는 뜻의 로마네스크라고 부른다. 반 아치 모양의 입구, 기하학적인 문양, 바실리카 구조 등이 특징이다. 또한 침입이 많고 혼란한 시기였기 때문에 그에 대비할 수 있도록 창문이 작은 것도 이 시기 건축 양식의 특징이다. 피사의 두오모, 피렌체 베키오 궁전의 종탑 등이 대표적인 건축물이다.

로마네스크 양식에 이어 중세 프랑스, 북유럽 등에서 유행한 고딕 양식이 나타난다. 종교의 시대라고도 불리는 중세 시대 특징을 보여주듯, 하늘에 닿을 만큼 높게 짓는 특징을 가진다. 뾰족한 아치, 높은 첨탑 등의 특색을 가진 고딕 양식의 건축물로는 베네치아의 두칼레 궁전, 밀라노의 두오모 등이 있다. 다만 북유럽을 지배한 이민족이 로마의 것을 파괴하고 고딕 양식을 만들었으며, 고딕이라는 용어도 야만적이라는 의미에서 지어진 이름이라 이탈리아인들이 고딕 양식을 좋아하지는 않았다.

14세기가 지나면서 도시국가로 발전한 이탈리아의 변화와 함께 꽃핀 예술 양식이 바로 르네상스이다. 르네상스는 로마의 부활을 외치던 사회적 부흥 운동이기도 하다. 이 양식의 특징은 돔 형식의 지붕과 균형미와 절제미가 느껴지는 형태에 있다. 피렌체의 두오모, 로마의 몬토리오 산 피에트로 성당, 캄피돌리오 광장 등이 르네상스 양식의 특징을 잘 보여주는 건축물이다.

르네상스가 규칙성을 중심으로 한 이성적인 양식이었다면 이어진 바로크는 감성적인 양식이라 할 수 있다. 종교개혁 이후 화려한 성당을 통해 종교의 권위를 되찾고자 했던 마음의 표현이었다. 바로크는 로마에서 시작해 전 유럽으로 퍼져나갔다. 바티칸의 산 피에트로 광장과 대성당, 트레비 분수 등이 바로크 양식의 대표 건축물이다. 또한 로마 나보나 광장에 가면 바로크 양식을 보여주는 거장들의 작품들을 살펴볼 수 있다.

POINT

05

이탈리아의 음식
FOOD

● 이탈리아 사람들은 어떤 주제로 이야기를 시작해도, 결국 음식 이야기로 끝난다. 영화를 주제로 시작된 대화가 엑스트라 버진 올리브오일에 대한 토론으로 끝나는 식이다. 대체 이들은 왜 음식 이야기를 하는 것일까? 그것은 수천 년 동안 이어진 이탈리아인들의 소통 방식이다. 이탈리아 역사에서 음식 문화가 차지하는 부분은 상상보다 더크다. 이탈리아 음식으로 피자와 파스타가 유명하지만, 실제 이탈리아는 다양한 음식 문화를 가진 미식의 나라이기도 하다.

도시국가 로마에서 르네상스를 거치면서 이탈리아는 다양한 음식 문화를 가지게 되었다. 로마, 베네치아, 피렌체, 나폴리 등 이탈리아는 지역별 통치 왕조가 달랐던 시기가 있었다. 이 때문에 이탈리아 요리라는 표현은 없고, 토스카나 요리 또는 베네치아 요리라는 표현을 종종 듣게 된다. 그만큼 도시를 중심으로 한 개별 음식 문화가 발달한 것이다. 지금은 이런 지역 음식들이 하나의 이탈리아 음식으로 어우러지면서 이탈리아만의 독특한 음식 문화를 만들어가고 있다.

더불어 메디치 가문의 공주가 프랑스 왕세자와 결혼하면서 이탈리아의 요리법과 다양한 식재료, 조리기구 등이 프랑스에 전해지게 되었다. 이는 더 나아가 유럽 전역의 음식 문화 발달에 큰 영향을 주었다. 이탈리아의 음식 문화가 곧 유럽 음식 문화의 시작점이다.

이탈리아는 세계 각지의 식재료가 들어오는 창구였다. 고대 지중해 연안에 페키니

아인과 그리스인에 의해 올리브 나무와 병아리콩이 전해졌다. 이슬람교도에 의해 레몬, 오렌지, 사탕수수, 쌀, 향신료 등이 들어왔다. 신대륙을 발견하면서 토마토, 고추, 감자, 고구마, 옥수수, 파인애플 등이 유럽의 식탁에 등장했다. 특히 남미로부터 전해진 토마토는 유럽 음식이 버터 중심 소스에서 토마토 중심 소스로 변화하는 계기가 됐다. 이렇게 외부로부터 유입된 식재료는 지중해성 기후와 비옥한 토양을 가진 이탈리아 땅에 뿌리를 내리고 잘 자라났다. 질 좋은 해산물이 가득했으며 목축업의 발달로 치즈, 육가공품이 발달했다. 이런 지리적, 환경적 영향으로 이탈리아는 요리로 유명한 나라가 되었다.

음식 문화도 남부, 북부, 중부로 나눠 살펴볼 수 있다. 북부는 프랑스, 독일 등 인접 국가의 영향으로 퓨전요리가 발달했다. 중부는 남부와 북부의 각 특징을 받아들여 강한 소스, 매운맛 요리가 유명하다. 남부는 바다와 인접해 풍성한 해산물 요리와 향신료, 올리브오일, 토마토 등을 활용한 피자와 파스타가 잘 알려져 있다.

이렇게 음식이 발달하다 보니 이탈리아인들은 전통적으로 하루 다섯 번의 식사를 하는 대식가들이다. 아침(콜라지오네)은 가볍게 작은 빵과 에스프레소 또는 카페라테와 비스킷을 먹는다. 오전 11시쯤 간식으로 빵과 커피를 먹는데 이를 스푼티노라고 한다. 오전 일과를 마치고 집으로 돌아와 점심(프란조)으로 정찬을 즐긴다. 오후 5시가 되면 두 번째 간식인 메란다를 즐기는데 이때 케이크, 홍차, 피자 등을 주로 먹는다. 마지막으로 하루 일과를 마치고 오후 7시경부터 저녁 식사를 시작한다. 특별한 일이 없다면 온 가족이 함께하는데, 이탈리아 사람들은 가족과 함께 식사하는 것을 매우 중요하게 생각한다.

+ 재미있는 한 뼘 스토리 03

마르게리타 피자의 유래

마르게리타는 사보이의 여왕 마르게리타가 나폴리를 방문했을 당시, 최고 요리사였던 돈 라파엘 에스 폰트가 나폴리 요리 경진대회에서 만든 피자이다. 바질의 녹색과 치즈의 흰색, 토마토소스의 붉은색이 이탈리아 국기를 상징한다. 피자를 보고 마르게리타 여왕이 매우 기뻐했고, 이후 이 피자의 이름이 마르게리타가 되었다. 이탈리아 요리사의 실력을 가늠할 수 있는 기본 피자이며, 가장 널리 알려진 이탈리아 피자이기도 하다.

CHECK LIST

장소, 일시, 주의 등 여행 중 잊지않고 꼭 나만의 리스트를 만들어 사용하십시오.

CHECK	CHECK

PART 3

RIO

ME

로 말
이탈리아 수도

PART 3 / ESSAY

살아 움직이는
가장 오래된 도시
로마

ROME

● 약 2,800년 전 테베레 강변 일곱 개의 언덕을 중심으로 발전하기 시작한 도시 로마. 1,200년 동안의 고대 로마와 1,000년 동안의 중세 로마를 거쳐, 300년 동안의 르네상스와 바로크 시대의 로마 그리고 이탈리아가 통일된 후 150년 동안의 현대 로마가 한 곳에 공존하고 있는 도시이기도 하다. 덕분에 로마는 어디를 가도 유적 유물이 있고, 길거리에 덩그러니 있는 돌멩이 하나에도 우리가 상상하기 어려울 정도의 긴 이야기가 담겨있다.

덕분에 이탈리아뿐 아니라 유럽 대부분의 나라는 로마의 영광을 재현하고, 로마 제국을 다시 세우겠다는 높은 의지를 가지고 있었다. 그 오랜 세월 로마는 살아 숨 쉬며 살아 왔다. 그리고 지금도 지구상에서 가장 오래도록 살아 숨 쉬는 도시로 남아있다. 로마를 여행하면 발길 닿는 대로 걸어도 좋은 일이다. 어디를 가든 2,800년 역사의 로마가 내뿜는 수많은 이야기가 귀를 간질여 줄 것이기 때문이다.

+ 로마의 교통

로마의 교통권은 TABBACCHI에서 판매하며 이동 횟수를 계산해 한 번에 구입하는 게 좋다. 타바끼는 주말과 저녁 시간에 일찍 닫을 때가 많으며 이럴 경우 지하철 매표소 자동발매기 이용해야 한다. 1회 권(BIT) 1.5€ (개시 후 100분 동안 환승 가능), 24시간 권 7€, 48시간 권 12.5€, 72시간 권 18€, 7일 권 24€다. 일정에 따라 고르면 된다. 첫 번째 교통편 탑승 시 반드시 노란색 각인기에 넣어 티켓에 날짜를 인쇄해야 한다.

¹ **콜로세움**
(Colosseo)

주소 Piazza del Colosseo

전화 06-3996-7700

이용시간 폐장 1시간 전까지 입장 가능하며, 공사 진행 여부에 따라 입장이 제한된다.

2월 16일-3월 15일	08:30-17:00	3월 16일-3월 마지막주 토요일	08:30-17:30
3월 마지막주 일요일-8월 31일	08:30-19:15	9월 1일-9월 30일	08:30-19:00
10월 1일-10월 마지막주 토요일	08:30-18:30	10월 마지막주 일요일-2월 15일	08:30-16:30

휴일 1월 1일, 12월 25일

요금 12€(콜로세오+포로 로마노+팔라티노 언덕 통합권 ; 2일간 사용 가능)

　　 17세 미만 무료

홈페이지 http://www.il-colosseo.it

높이가 대략 50m 정도 되는 원형극장 콜로세움. 로마의 어지간한 언덕 크기와 맞먹는 규모이다. 이 앞에 가면 세계 각국에서 온 관광객들이 줄을 서 있는데, 2,000년 전 이곳에 검투사 시합을 보기 위해 줄을 섰던 로마 시민의 모습을 상상할 수 있다. 콜로세움 외벽을 보면 각층마다 80개의 아치로 둘러져 있으며, 1층 아치는 출입구 역할을 할 수 있게 번호가 새겨져 있다. 5만 명의 관중을 수용할 수 있으며 입석까지 7만 가까운 사람들이 들어갈 수 있었는데, 이 많은 인원이 밖으로 빠져나가는 데 15분이면 충분했다고 한다. 이것만 봐도 당시 로마 건축 기술과 공사 현장의 시공 능력이 얼마나 대단했는지 알 수 있다. 여기에 지금과 비교해도 손색없는 비나 햇빛을 가릴 수 있는 벨라리움까지 있으니, 현대의 돔구장이 부럽지 않은 공공시설이었던 셈이다.

² 포로 로마노
(Foro Romano)

주소 Via della Salaria Vecchia, 5/6
전화 06-3996-7700
이용시간 폐장 1시간 전까지 입장 가능하며, 공사 진행 여부에 따라 입장이 제한된다.

2월 16일-3월 15일	08:30-17:00	3월 16일-3월 마지막주 토요일	08:30-17:30
3월 마지막주 일요일-8월 31일	08:30-19:15	9월 1일-9월 30일	08:30-19:00
10월 1일-10월 마지막주 토요일	08:30-18:30	10월 마지막주 일요일-2월 15일	08:30-16:30

휴일 1월 1일, 12월 25일
요금 12€(콜로세오+포로 로마노+팔라티노 언덕 통합권 : 2일간 사용 가능)

포로 로마노는 로마인의 광장이라는 뜻으로, 고대 로마인들의 생활 중심지이며 약 1,000년 동안 로마 정치, 사회, 경제, 종교의 중심지였던 곳이다. 하지만 안타깝게도 유적들은 상당 부분 도로 아래 매몰되어 있어, 지금도 복원 작업이 이뤄지고 있다. 무솔리니가 자신의 집무실이 있던 베네치아 광장과 콜로세움을 잇는 포리 임페리알리 거리를 만들면서 지금의 모습처럼 두 곳으로 나뉘어 졌다. 팔라티노 언덕이나 캄피돌리오 언덕에서 포로 로마노 전체를 바라보는 것을 추천한다.

³ 콘스탄티누스 개선문
(Arch of Constantine)

⁴ 판테온
(Pantheon)

주소 Piazza della Rotonda
전화 06-6830-0230
이용시간 08:30-19:30, 일요일 09:00-18:00
휴일 1월 1일, 12월 25일
요금 무료

312년 10월 27일, 북부 이탈리아에서 내려온 콘스탄티누스의 군대가 막센티우스의 군대와의 싸움에서 승리하고, 로마에 입성했다. 다음 해에는 밀라노에서 로마제국 내의 모든 종교를 공인한다는 칙령을 발표했다. 이에 로마 원로원과 시민들은 그의 승리를 기념하여 그가 제위에 오른 지 10년이 되는 해인 315년에 이 개선문을 세웠다. 고대 로마 1,200년 역사 중 수도 로마에 마지막으로 세워진 개선문이자 현재 남아있는 세 개의 개선문 중 규모가 가장 크고 보존 상태도 양호하다. 콜로세움 입구에서 오른쪽을 보면 바로 보인다.

그리스어로 '모든 신에게 바쳐진 신전'이라는 뜻을 가진 판테온은 아그라파가 기원전 25년에 아우구스투스에게 지어 바친 것이다. 여러 번의 화재로 전소되면서 기원후 118년과 125년 사이에 하드리아누스 황제가 원통형으로 새롭게 재건했다. 이후 중세에 성당으로 사용되면서 지금까지 그때의 모습을 간직하고 있다. 라파엘로의 묘소, 이탈리아 왕국의 초대 왕인 비토리오 에마누엘레 2세의 묘소 등이 판테온 안에 있다. 판테온에서 특히 눈길을 끄는 것은 바닥에서 43.4m나 되는 높이까지 돌과 흙만을 이용해 만든 반원형의 큐폴라이다. 2,000년 전에 만들어졌다는 상상이 되지 않을 정도로 정교해 보는 순간 놀라게 된다.

⁶ 스페인 광장
(Piazza di Spagna)

이곳은 1500년대만 하더라도 포도밭이 있던 로마 외곽지역이었다. 로마에 입국한 마차들이 정거하던 일종의 주차장이었던 것. 그러다 1647년 바티칸 주제 스페인 대사관이 자리 잡으면서 스페인 광장이라 불리게 되었다. 영화 <로마의 휴일>에서 오드리 헵번이 앉아 아이스크림을 먹던 '언덕 위 삼위일체 계단' 덕분에 더 유명해졌다. 계단 아래에 있는 조각배 분수도 광장의 분위기를 한껏 로맨틱하게 만들어준다.

⁵ 바티칸 시국
(Vatican City)

유럽에서 가장 작은 국가인 바티칸 시국은 로마 시내 안에 있다. 전 세계 가톨릭의 본체인 교황청과 그곳의 최고 지도자인 교황이 사는 곳으로, 1929년 라테란 조약으로 주권을 인정받은 독립 국가이다. 매년 세계에서 수많은 이들이 바티칸을 찾고 있으며, 산 피에트로 대성당(성 베드로 대성당), 산 피에트로 광장, 바티칸 박물관, 시스티나 예배당 등이 자리 잡고 있다. 미켈란젤로의 <천지창조>, <최후의 심판>을 비롯해 라파엘로의 <아테네 학당>, 레오나르도 다 빈치의 <성 히에로니무스> 등의 예술 작품도 이곳에 소장되어 있다. 워낙 방문객들이 많기 때문에 아침 일찍 가 줄을 서야 한다. 매주 수요일 오전 10:00-11:30, 매주 일요일 정오에는 교황 일반 알현과 교황 축사가 산 피에트로 광장에서 진행되니 이 시간에 맞춰 방문하는 것이 좋다.

⁷ 트레비 분수
(Fontana di Trevi)

분수의 도시로 알려진 로마에서 가장 유명한 분수이다. G.L. 베르니니의 원안에 따랐다고 하는 N. 살비 설계의 대표작으로, 1732년 착수하여 살비 사후인 1762년에 완성되었다. 반인반수 해신 트리톤이 이끄는 전차 위에 해신 넵투누스 상이 거대한 조개를 밟고 서 있다. 주위의 거암거석(巨岩巨石) 사이에서 끊임없이 물이 흘러나와 연못을 이룬다. 이 연못을 등지고 서서 동전을 던져 넣으면 다시 로마를 방문할 수 있다는 속설이 있다.

로마의 **식당 Restaurant**

[1] 바페토 피자
(Pizzeria Da Baffetto)

주소 Via del Governo Vecchio, 114 (1호점)
전화 06-6686-1617
이용시간 점심 12:00-15:00,
저녁 18:30-24:30

바페토 피자만 유명한 레스토랑. 식당 안에
서 먹으면 1인 1메뉴를 주문해야 하기 때문
에 차라리 한판 테이크아웃해 나보나 광장에
서 먹도록 하자.

[2] 마라네가
(Maranega)

주소 Piazza Campo de Fiori, 47/49
전화 06-6830-0331
이용시간 10:00-15:00

해물 스파게티가 맛있는 레스토랑이다. 피오
리 광장에 위치해 있어 찾기 어렵지 않다. 노
천에 천막이 쳐져 있고, 테이블이 길게 늘어
서 있기 때문에 광장의 분위기를 느끼면서 맛
있는 해물 스파게티를 맛보기에 좋다.

[3] 폼피
(Pompi Sri)

주소 Va della Croce, 82
전화 06-700-0418
이용시간 월요일-일요일 10:30-22:30

스페인 광장 근처에 위치한 티라미수 케이크
전문점이다. 이탈리아 전통의 티라미수를 맛
볼 수 있는 곳이다.

PART

4

NAP

캄파니아주 주도
나 폴 리

OLI

PART 4 / ESSAY

아름다운 노래가 흐르는
이탈리아 남부 도시
나폴리

NAPOLI

● 기원전 1250년쯤, 오디세이의 주인공인 오디세우스는 트로이 전쟁을 끝내고 고향으로 돌아가던 중 나폴리 앞바다를 지나가게 된다. 그곳에는 듣는 사람이 모두 넋을 잃고 바다에 빠질 정도로 노래를 잘 하는 파르테노페가 살고 있었다. 오디세우스는 그 노래가 듣고 싶어 묘책을 세운다. 자신의 몸을 돛대에 밧줄로 꽁꽁 묶고, 선원들은 노래를 들을 수 없게 밀랍으로 귀를 막았다. 오디세우스의 배가 나폴리 앞바다를 지나게 되자 파르테노페는 어김없이 노래를 불렀고, 노래를 들은 오디세우스는 혼이 빠지는 느낌이었지만 밧줄 덕분에 바다에 빠지지 않고 무사히 지나갔다. 그러나 자신의 노래를 듣고 아무도 바다에 빠지지 않자 자존심이 상한 파르테노페는 스스로 목숨을 끊고 만다. 파르테노페가 살던 섬 맞은편에 새롭게 세워진 도시가 바로 지금의 나폴리이다. 이런 이야기의 영향인지 나폴리는 유명한 이탈리아 노래들의 고향이기도 하다. '산타 루치아', '오 솔레미오' 등이 나폴리에서 태어났다.

또한 나폴리에는 맛있는 음식들도 많다. 특히 피자의 고향으로 잘 알려져 있는데, 사실 피자는 가난한 농부들이 식사 대용으로 특별한 재료없이 만들어 먹던 음식이다. 나폴리가 귀족보다는 일반 시민들에 의한 문화가 꽃피웠던 도시임을 알 수 있는 부분이기도 하다. 나폴리의 문화가 많은 이들이 함께 할 수 있는 모두의 문화였기에 세계적으로 유명해지는 것도 가능했던 일이 아닐까.

1 카스텔 누오보(누오보 성)
(Castel Nuovo)

주소 Via Vittorio Emanuele III
이용시간 월요일-토요일 08:30-19:00
일요일 08:30-14:00
요금 박물관 6€

5개의 원통형 탑으로 이뤄진 이 성채는 프랑스 앙주 왕가의 샤를 1세가 세운 것인데, 1443년 스페인 아라곤의 알폰소 1세가 나폴리를 다스리면서 손질해 지금의 모습을 갖추었다. 알폰소 1세의 나폴리 입성을 기념하기 위해 개선문처럼 생긴 입구를 만들었다. 이는 새로운 성이라는 이름의 뜻과 잘 맞는다. 나폴리를 새롭게 통치하기 위해 온 왕을 위한 성이니 말이다. 나폴리에 있는 성이지만, 외국의 왕들을 위해 짓고 이용되었다는 점은 좀 슬프게 다가온다.

2 산 카를로 오페라 극장
(Teatro San Carlo)

주소 Via San Carlo, 98
이용시간 월요일-토요일 10:00-17:30
일요일 10:00-14:00
요금 투어 7€, 박물관 6€

1737년 문을 연 극장으로, 유럽 최초의 오페라 극장이다. 당시 나폴리가 유럽 음악 문화의 중심지였음을 보여주는 곳이기도 하다. 작가 스탕달은 이 극장의 완성을 "왕과 국민 사이에 훨씬 강력한 결속력을 창조해낸 하나의 쿠데타"라고 표현할 정도였다. 로시니와 도제니티 등 최고 작곡가들의 작품이 초연되었으며, 이탈리아 3대 오페라 극장 중 한 곳이다.

3 스파카 나폴리
(Spacca Napoli)

이 지역은 나폴리의 서민들이 살아가는 생활 모습을 고스란히 볼 수 있는 곳이다. 베네데토 크로체 거리와 산 비아조 데이 리브라이 거리가 연결되면서 나폴리의 동서를 가로지르는 곳이기도 하다. 나폴리의 아름다운 건축물, 조각, 성당을 비롯해 오래된 음식점들이 빼곡하게 들어가 있다. 이 지역을 걸으며 눈에 담는 모든 모습이 진짜 나폴리의 속살일지 모르니, 시간을 가지고 천천히 즐기길 추천한다.

⁴ 플레비시토 광장
(Pizza del Plebiscito)

시민 광장이란 뜻으로, 나폴리에서 가장 크고 화려한 광장이다. 광장에는 로마의 판테온을 연상시키는 산 프란체스코 디 파올라 성당이 있고, 맞은편에는 왕궁이 자리하고 있다. 광장 남쪽으로는 산타 루치아 해변이 펼쳐지고, 북쪽 산 위에는 산텔모 성채가 내려다보고 있다. 1863년 나폴리를 통일 이탈리아에 가입시키기로 한 플레비시토 투표를 기념하기 위해 광장의 이름을 바꿔 플레비시토 광장으로 명명했다.

나폴리의 식당 Restaurant

¹ 핏자리아 다 파스콸리노
(Pizzeria da Pasqualino)

주소 Via Santa Maria delle Grazie a
       Loreto, 45
전화 081-266-660
이용시간 08:00-24:00 (일요일 휴무)

나폴리 식의 이탈리아 피자를 맛보고 싶은 여행객의 마음을 사로잡는 곳. 나폴리 역 근처에 있어서 여행의 시작이나 끝에 맛봐도 좋다. 다양한 종류의 피자가 있지만 마르게리타 같은 기본 피자를 맛보길 추천한다.

² 렌조 앤 루치아
(Renzo and Lucia)

주소 Via Tito Angelini, 31/33
전화 081-1917-1022
이용시간 일요일-월요일 11:00-20:00
         화요일-토요일 11:00-22:30
홈페이지 renzoelucianapoli.it

로맨틱한 분위기를 원하는 여행객이라면 나폴리에서 이만한 레스토랑을 찾기 어려울 것이다. 엘모성 앞에 자리한 이 레스토랑은 낮에도 밤에도 아름다운 풍광을 자랑해 음식의 맛을 높여준다. 낮에는 아름다운 나폴리의 풍광이 눈에 한가득 들어오고 저녁에는 눈부신 야경이 더해진 로맨틱한 분위기에 취한다.

³ 쿠치나 디 맘마
(A Cucina di Mamma)

주소 Via Foria, 101
전화 081-449-022
이용시간 화요일-토요일 11:30-23:00
         일요일-월요일 11:30-18:00
         (일요일, 월요일은 점심만 운영)

해물 관련된 음식은 거의 다 맛있기에 이 레스토랑에 가면 해물이 들어간 요리를 선택해야 한다. 그중에서도 신선한 해물이 듬뿍 들어가 있는 해물 스파게티가 일품. 엄마의 부엌이라는 가게 이름의 의미처럼 이탈리아 가정식을 맛볼 수 있다.

⁴ 트리토리아 넨넬라
(rattoria Da Nennella)

주소 Vico Lungo Teatro Nuovo,
       103/104/105
전화 081-414-338
이용시간 12:00-15:15, 19:15-23:30
         (일요일 휴무)

이탈리아 전통음식을 맛볼 수 있는 곳. 늘 줄이 길게 서 있을 정도로 인기가 좋은 레스토랑이다. 저렴한 가격에 코스 요리를 즐길 수 있어 관광객은 물론 현지인도 자주 찾는다. 토마토 스파게티와 스테이크가 맛이 좋으니 도전해보자.

PART

5

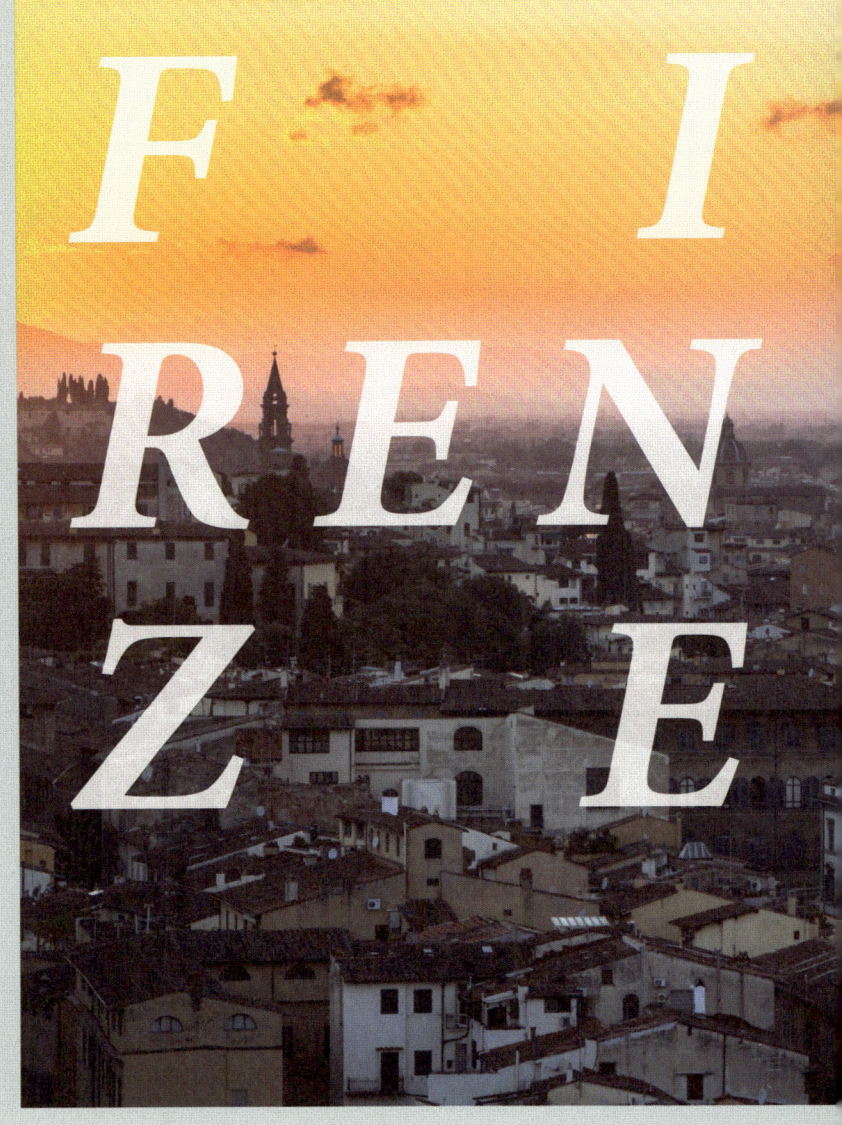

FIRENZE

토스카나주　　주도
피　　렌　　체

단테의 젊은
연인이 살았던 곳
피렌체

FIRENZE

● 1274년 5월 1일, 아홉 살의 단테는 아버지를 따라 은행가 폴로 포르티나리의 저택에서 열리는 칼렌디마지오 축제에 갔다. 5월의 첫날이라는 뜻의 칼렌디마지오는, 봄이 오는 것을 축하하기 위해 남녀노소가 모여 먹고 마시는 전통 축제이다. 단테는 이 축제에서 여덟 살 베아트리체를 보고 마음을 빼앗기고 만다. 그때부터 그의 마음은 평생 그녀의 것이었다. 그 후 열아홉 살이 된 단테는 강변을 따라 걸어오는 그녀를 다시 보게 된다. 이 두 번의 만남이 단테와 베아트리체 인연의 처음이자 마지막이었다.

베아트리체는 집안에서 점찍어둔 은행가 시모네 데이 바르디와 1287년 결혼했다. 단테 역시 1285년 집안에서 짝지어준 젬마 도나티와 결혼했다. 그런데도 단테의 마음에는 베아트리체에 대한 그리움이 가득했다. 안타깝게도 베아트리체는 결혼하고 3년 후인 1290년, 스물네 살의 나이로 세상을 떠난다.

이렇게 슬픈 이야기가 숨어있는 곳이 바로 피렌체이다. 카이사르가 꽃피는 곳이라는 뜻으로 '플로렌티아'라 부른 것에서 유래된 이름처럼 피렌체는 아름다운 도시이다. 또한 유럽에서 가장 번화한 도시 중 하나로 피렌체에는 40여 개의 은행이 있었으며, 바르디 은행만 하더라도 유럽 각지에 24개의 지점을 두고 있을 정도였다. 이는 피렌체가 가진 경제력이 어느 정도인지를 보여준다.

막강한 경제력을 바탕으로 예술, 문화, 역사가 꽃피었던 꽃의 도시이자 르네상스 시대 천재들이 활동하던 주 무대가 바로 피렌체였다. 이렇게 피렌체가 예술의 도시로 자리 잡을 수 있었던 힘은 메디치 가문의 전폭적인 예술 지원에서 비롯되었다. 일회성 후원이 아닌, 예술가들에 대한 진심 어린 존경과 애정을 보여주었기에 미켈란젤로, 라파엘로 등 천재 예술가들이 피렌체에 모여들었다. 이는 인류 문화의 꽃이라는 르네상스 시대가 피렌체를 중심으로 꽃피우게 된 이유이기도 하다.

+ 피렌체의 쇼핑

피렌체는 고풍스러운 도시 분위기 때문에 꼭 들러야 할 여행지로 손꼽히지만 비행깃값을 뽑을 정도로 강력한 쇼핑몰도 선택에 영향을 준다. 쇼핑으로 유명한 곳은 더 몰과 프라다 스페이스. 프라다 한 제품만 보겠다면 프라다 스페이스로, 다양한 브랜드를 보고 싶다면 더 몰로 향하자. 프라다 스페이스는 프라다 제품을 파격적인 가격에 구매할 수 있으며 더 몰은 구찌를 비롯해 디오르, 보테가 베네타, 버버리 등의 다양한 브랜드 제품을 구입할 수 있다. 특히 구찌가 할인 폭이 크고 구찌 카페도 있다.
아보카도, 호호바 오일 등이 함유돼 수분과 비타민 E를 공급해준다고 알려진 산타마리아 노벨라 크림을 구매할 수 있는 산타마리아 노벨라 약국(Via della Scala, 16 50123 Firenze Italy)도 피렌체에 있다. 일정 금액 구매 시엔 택스 리펀드도 가능하다.

¹ 산타 마리아 노벨라 성당
(Basilica di Santa Maria Novella)

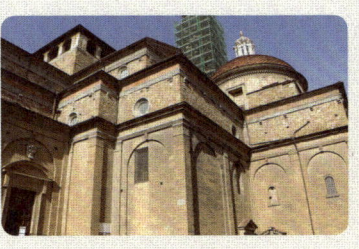

² 산 로렌초 성당
(Basilica di San Lorenzo)

주소 Piazza di Santa Maria Novella, 18
전화 055-219-257
이용시간 3-9월 09:00-19:00
　　　　 금요일 11:00-19:00
　　　　 10-3월 09:00-17:30
　　　　 금요일 11:00-17:30
　　　　 (폐장 45분 전까지 입장 가능하며,
　　　　 토요일이나 공휴일, 공휴일 전날 등
　　　　 은 입장과 폐장시간이 달라지니 방
　　　　 문하는 시기에 확인할 것)
요금 5-7.5€
홈페이지 www.smn.it

주소 Piazza di San Lorenzo, 9
전화 055-216-634
이용시간 월요일-토요일 10:00-17:00
　　　　 일요일 13:30-17:00 (3-10월까지)
휴일 성당 11-2월 일요일
　　　 라우렌치아나 도서관 토, 일요일
　　　 메디치가의 예배당
　　　 매월 1, 3, 5번째 월요일 2, 4번째 일요일
　　　 1월 1일, 5월 1일, 12월 25일
요금 성당 4.5€, 라우렌치아나 도서관 3€
　　　 성당+도서관 7€, 메디치가 예배당 6€
홈페이지 www.operamedicealaurenziana.org

1279년-1357년에 지어진 성당으로 기하학
적인 패턴, 아치형 입구, 스테인드글라스 장
식 등이 조화를 이뤄 특히 아름다운 곳이다.
베네데토 기를란다요의 <세례 요한의 생애>,
마사초의 <삼위일체> 등 볼거리도 많다.

브루넬레스코가 1460년 건축한 르네상스 건
물로, 메디치 가문의 성당이기도 하다. 브루
넬레스코가 급작스럽게 사망한 이후 정면 부
분은 미완성으로 남아있다. 미켈란젤로, 도
나텔로, 브루넬레스코 등 르네상스 시대 예
술가들의 작품이 소장되어 있으며, 메디치
가문의 수많은 문서를 보관하기 위해 미켈란
젤로가 설계한 라우렌치아나 도서관이 2층
에 자리 잡고 있다. 지하에는 메디치 가문의
소장품이 전시된 박물관도 있다.

³ 단테의 집
(Museo Casa di Dante)

주소 Via Santa Margherita, 1
전화 055-2194-16
이용시간 10:00-17:00, 4-9월 10:00-18:00
휴일 10-3월 월요일, 12월 24-25일
요금 4€

© ENIT

⁴ 우피치 미술관
(Galleria degli Uffizi)

주소 Piazzale degli Uffizi, 6
전화 055-294-883
이용시간 08:15-18:50
여름철 08:15-22:00
(폐장 45분 전까지 입장)
휴일 월요일, 1월 1일, 5월 1일, 12월 25일
요금 8€, 특별전 진행 시 8-12€
홈페이지 www.uffizi.firenze.it

단테는 베아트리체를 추억하며 죽기 전 지옥 편, 연옥 편, 천국 편으로 구성되어 있는 방대한 서사시 <신곡>을 남겼다. 미켈란젤로가 <최후의 심판>을 그릴 당시 이 책에서 묘사한 지옥에서 영감을 얻어 작품을 완성했다는 이야기도 전해진다. 피렌체가 낳은 세계적인 문학가 단테의 생가를 복원해 놓은 곳이 바로 단테의 집이다.

메디치 가문의 수집품을 소장한 곳으로 르네 상스를 대표하는 작품들이 대다수 모여있다. 코지모 1세가 1559년 바자리에게 의뢰해 집무 건물인 우피찌 궁을 세우게 했다. 여기서 우피찌는 우피치의 옛 표기이자 '사무실들' 이라는 뜻을 가진 단어이다. 이 건물은 26년 후에 완공되었으며, 지금은 우피치 미술관이 라는 세계적인 공간으로 자리 잡았다. 워낙 많은 작품이 전시된 곳이기 때문에 전시품 이 주기별로 달라져 원하는 작품을 보지 못 할 수도 있다.

5 시뇨리아 광장
(Piazza della Signoria)

우피치 미술관 앞에 있는 광장으로 피렌체 정치의 중심이었다. 통치자가 바뀔 때마다 새 정권의 정치 홍보장으로 활용되었는데, 당시의 홍보는 최고 조각가의 예술 작품을 설치하는 것이었다. 때문에 시뇨리아 광장에는 미켈란젤로의 <다비드 상>, <코지모 1세의 기마 상>, 반디넬리의 <헤라클레스와 카쿠스> 등 대가들의 조각 작품이 가득하다.

7 베키오 다리
(Ponte Vecchio)

베키오 다리의 기원은 로마제국까지 올라간다. 병영 도시 플로렌티아의 중심인 포룸과 로마로 향하는 길을 잇는 유일한 다리였다. 1177년 석조 다리로 개조되었으나 1333년 홍수 때 유실된다. 이후 1345년 세 개의 아치 구조 다리로 다시 세워진다. 원래는 푸줏간, 가죽 처리장 등의 상점들이 있었으나 메디치 가문에 의해 보석상들이 자리 잡았다. 지금은 피렌체 보석 세공사가 직접 디자인한 보석들을 볼 수 있는 상점들이 있다.

6 미켈란젤로 언덕
(Piazzale Michelangelo)

피티 궁전 동쪽 언덕 위에 자리한 광장으로 중앙에는 미켈란젤로의 <다비드 상> 모조품이 놓여 있다. 피렌체 시내를 한눈에 조망할 수 있으며 두오모, 조토의 종탑, 베키오 궁전이 내려다보인다. 특히 야경이 아름다워서 해가 질 무렵 광장에 오르면 좋다.

피렌체의 식당 Restaurant

1 쿠치나 토르치코다
(CUCINA TORCICODA)

주소 Via Torta, 5/r
전화 055-265-4329
이용시간 12:00-15:00, 19:00-23:00

비스테카 피오렌티나와 추천해주는 레드 와
인 한잔, 파스타를 추천한다. 특히 비스테카
피오렌티나는 피렌체에서도 손꼽힐 정도의
맛을 자랑한다. 예약이 필요하며 스테이크를
먹을 때 발사믹 소스와 올리브 오일을 요청해
함께 곁들여보자.

2 이 프라텔리니
(I FRATELLINI)

주소 Via Ghibellina, 27

피렌체에서 가장 맛있는 파니니 전문점. 식
사시간에 길게 늘어선 줄만 봐도 이 프라텔
리니 레스토랑의 인기를 실감할 수 있다. 파
니니는 이탈리아 빵 치아바타를 이용해 만드
는 샌드위치의 일종. 왼쪽 벽에 길게 나열된
30여 개의 메뉴 중 마음에 드는 것을 고르면
5분 안에 따뜻한 파니니가 식탁 위에 도착한
다. 바삭한 빵 사이에 그날 만든 신선한 재료
와 고유의 소스가 어우러져 가격 대비 훌륭한
음식 맛을 선사한다.

3 옐로 바
(YELLOW BAR)

주소 Via del Proconsolo, 39/r

외벽에 걸린 노란 등이 따뜻한 온기를 전하
는 식당. 현지인들도 많이 찾는 레스토랑으
로 넓고 편안한 공간에서 얇고 바삭한 도우
의 피자를 즐길 수 있다. 추천 피자는 Pizza
Con Funghi (피자 콘 풍기 - 버섯피자)이다.

4 부카 마리오
(BUCA MORIO)

주소 Piazza degli Ottaviani, 16/r

피렌체식 티본스테이크를 맛볼 수 있는 곳이
다. 800g의 양은 두 명이서 나눠 먹어도 충
분할 정도. 스테이크는 눈앞에서 먹기 좋게
썰어 준다. 후식은 부드러운 티라미수를 추
천한다.

PART
6

M I L

롬바르디아주 　 주도
밀 　 라 　 노

ANO

PART 6 / ESSAY

최후의 만찬이 있는,
평원에 지어진 도시
밀라노

MILANO

● 이탈리아의 경제 수도이자 세계적인 패션 도시 밀라노. 롬바르디아 평원에 자리 잡은 밀라노는 '평원 한가운데' 있다고 하여 고대 로마인들은 메디올라눔이라고 불렀다. 밀라노라는 도시명이 여기서 유래한 것이다.

밀라노는 패션을 제외하고도 문화적 역사적 의미를 가진 예술품들이 가득한 도시이다. 그중에서 많은 이들의 관심을 받는 것이 바로 레오나르도 다 빈치의 <최후의 만찬>이다. 밀라노 산타 마리아 델레 그라치에 성당에 있는 <최후의 만찬>은 길쭉한 직사각형 벽에 폭이 8.8m나 되어 한쪽 벽면 좌우를 완전히 차지하고 있다. <최후의 만찬>을 완성하는데 몇 년의 시간을 썼는데, 예수의 얼굴을 가장 늦게 그렸다고 한다. 재미있는 것은 다 빈치가 예수 얼굴을 그리기 위해 구한 모델이 알고 보니 가룟 유다의 모델을 했던 남자였다는 사실이다. 누군가 만들어 낸 이야기일지도 모르지만, 아이러니한 이야기가 아닐 수 없다.

이렇게 완성된 <최후의 만찬>은 여러 번 수난을 당했다. 레오나르도 다 빈치가 살았던 시절부터 훼손됐는데, 벽을 뚫고 문을 만들면서 예수가 앉은 식탁 아랫부분이 크게 손상됐다. 나폴레옹의 프랑스군이 밀라노를 점령했을 때 이곳을 마구간으로 사용하면서 벽화는 더 이상 망가질 수 없을 만큼 망가졌다. 이후 복원을 시도했으나 잘못 복원되면서 원본이 심각하게 훼손되었고, 세계 2차 대전 당시 수도원이 폭격을 당해 무너졌다. 다행히 벽화는 모래주머니를 두껍게 쌓아 보호한 덕에 완전히 사라지는 운명은 피할 수 있었다. 이후 <최후의 만찬>은 21년의 복원 작업을 거쳐 1999년 일반에게 공

80

개되었다. 사실 <최후의 만찬>은 완성과 동시에 보존 문제에 직면했다. 그런 이유로 지금도 하루 입장객을 제한하고 있으며, 가까이서 볼 수 없게 되어 있다. 훼손을 최소한으로 줄이고자 하는 노력이다.

　　<최후의 만찬> 이외에도 밀라노에는 고딕 양식의 건축물 중 세계에서 가장 큰 규모의 두오모와 이탈리아 패션의 중심지로서의 명성, 유명한 축구팀 등 여러 요소를 고루 갖추고 있다. 덕분에 다른 도시에 비해 특색은 없지만, 오래 있고 싶은 매력을 가진 도시이기도 하다.

¹ 산타 마리아 델레 그라치에 성당
(Santa Maria delle Grazie)

주소 Piazza di Santa Maria delle Grazie
전화 02-467-6111
이용시간 평일 미사
  07:30-08:30 / 09:30-18:30
  휴일 미사
  08:00-09:30, 10:30, 11:30,
  18:30, 20:00
휴일 월요일, 1월 1일, 5월 1일
  12월 25일(최후의 만찬), 8월(미사)
요금 성당 무료, 최후의 만찬 6,5€

레오나르도 다 빈치의 <최후의 만찬>이 소장된 곳이다. 이곳 식당에 그려진 <최후의 만찬>은 작품 속 배경이 식당에서 연결되는 공간처럼 느껴지는 완벽한 원근법, 실물 크기와 사실적인 묘사가 돋보인다. <최후의 만찬>뿐 아니라 성당 건축물 자체도 기하학적인 문양과 현대적인 느낌의 회화들이 더해져 이색적인 분위기를 풍긴다.

² 두오모
(Duomo di Milano)

주소 Piazza del Duomo
전화 02-7202-2656
이용시간 성당 08:00-19:00
  뮤지엄 10:00-18:00
휴일 5월 1일, 12월 25일
요금 16€(두오모와 관련된 모든 공간 포함)
홈페이지 www.duomomilano.it

이탈리아에서는 한 도시의 대성당을 보통 두오모라고 하는데, 이는 집을 뜻하는 라틴어가 변형된 말이다. 밀라노의 두오모가 착공된 것은 1386년이며 완공은 19세기 초반이다. 오랜 세월에 걸쳐 지어진 만큼 고딕 양식으로 지은 가톨릭 성당 중 세계에서 가장 큰 규모를 자랑한다.

두오모를 감상하는 방법은 두 가지가 있는데, 하나는 지붕에 올라 주변의 풍광을 한눈에 보는 것이다. 두 번째는 라 리나센테 백화점 꼭대기 층에 있는 카페에서 두오모를 내려다보는 것이다. 카페테라스는 자리싸움이 치열할 수 있다는 단점이 있지만, 두오모의 지붕을 온전히 내려다보기에 안성맞춤이다.

⁴ 갈레리아 비토리오 에마누엘레 2세
(Galleria Vittorio Emanuele II)

200m쯤 되는 긴 통로와 100m쯤 되는 짧은 통로가 십자가처럼 교차한다. 멩고니가 설계했으며, 1865년 착공했다. 갈레리아 한가운데 바닥에는 이탈리아의 통일을 기념하는 모자이크 그림이 있다. 그중에는 황소 모자이크도 있는데, 황소의 중심부가 움푹 파여있는 것이 특징이다. 이는 황소의 중심부에 발뒤꿈치를 대고 세 바퀴를 돌면 행운이 찾아온다는 미신 때문이다. 그곳을 지난다면 세 바퀴 돌기를 잊지 말자!

³ 스칼라 극장
(Teatro alla Scala)

주소 Via Filodrammatici, 2
전화 02-88-79-1
휴일 때마다 다르니 홈페이지를
　　　참조하는 것이 좋다.
요금 7€
홈페이지 www.teatroallascala.org

스칼라 극장은 세계적인 오페라 전당으로, 1776년에서 1778년 사이 세워졌다. 이탈리아 건물의 특징은 외관만 보고 판단해서는 안 된다는 점이다. 스칼라 극장 역시 세계적인 명성에 비해 외관은 수수한 편이다. 그러나 2,200명 이상의 관객을 수용할 정도로 규모가 있으며, 화려한 무대와 관련 시설도 뛰어나다. 베르디, 푸치니 등 유명한 오페라 작곡가들의 작품들을 초연한 곳이기도 하다.

⁵ 피나코테카 암브로시아(암브로시아 미술관)
(Pinacoteca Ambrosiana)

주소 Piazza Pio XI, 2
전화 02-806-921
이용시간 10:00-18:00
휴일 매주 월요일, 1월 1일, 부활절
　　　5월 1일, 12월 25일
요금 15€(특별전 진행 시 요금 추가)
홈페이지 www.ambrosiana.it

암브로시아 미술관은 브레라 미술관과 더불어 밀라노의 주요 미술관 중 한 곳이다. 14세기-19세기 초반 작품들을 주로 전시하는데, 완성된 작품뿐 아니라 스케치, 미완성 작품도 전시한다. 레오나르도 다 빈치의 미완성 작품인 <음악가의 초상>도 이곳에 있다. 또한 레오나르도 다 빈치가 남긴 1,700여 점의 스케치와 라파엘로의 <아테네 학당>의 스케치 역시 이곳에서 만날 수 있다. 3만 권에 달하는 필사본이 보관된 도서관에서는 단테의 <신곡> 초판도 볼 수 있다.

밀라노의 식당 Restaurant

⁶ 브레라 미술관
(Pinacoteca di Brera)

주소 Via Brera, 28
전화 02-7226-3264
이용시간 08:30-19:15
　　　　(매월 첫째주, 셋째주 목요일
　　　　08:30-22:15)
휴일 월요일, 1월 1일, 5월 1일, 12월 25일
요금 10€, 학생 7€
홈페이지 www.brera.beniculturali.it

밀라노를 대표하는 미술관으로, 르네상스 시
대부터 18세기까지 밀라노를 중심으로 활동
한 화가들의 작품이 소장되어 있다. 피카소,
움베르토 보초니 등 근대 화가의 작품도 전
시되어 있어 지루하지 않은 것이 특징이다.
라파엘로의 <성 처녀의 결혼식>과 보초니의
<아케이드에서의 싸움> 등도 놓치면 아쉬울
작품들이다. 다른 미술관과 달리 브레라 미
술 대학 2층에 있으니 헤매지 말 것.

¹ 루이니 판제로티
(Luini Panzerotti)

주소 Via Santa Radegonda 16
전화 02-8646-1917

여행 도중 허기진 배를 간편하게 해결할 수
있는 곳이다. 가격도 저렴하고 간단하게 걸
어 다니면서 먹을 수 있다. 신선한 치즈와 토
마토소스, 시금치 등이 안에 있는 만두 같은
빵이라고 보면 된다. 두오모 근처이니 한 번
쯤 들러보자.

² 리스토란테 다 오스카
(Ristorante Da OSCAR)

주소 Via Lazzaro Palazzi 4
전화 02-2951-8806

현지 음식을 기대한다면 이곳에 가도 좋다.
특히 유명한 것은 랍스터 스파게티. 일단 양
으로 여행객의 마음을 흡족하게 해주는 곳이
다. 그렇다고 결코 맛이 떨어지지도 않는다.
양과 맛을 동시에 잡은 파스타 식당으로, 밀
라노에서 파스타를 먹어야 한다면 이곳으로
결정하자.

PART

7

베네토주   주도
베네치아

PART 7 / ESSAY

물의 도시,
황금의 도시
베네치아

VENEZIA

오랜 옛날 이탈리아반도에는 여러 종족이 살았는데, 그중 북동쪽 지역에 베네티
(Veneti)라는 종족이 있었다. 이 지역이 지금의 베네토 주이며, 그 주도가 바로 베네치
아이다. 베네치아는 육지에서 4km 떨어진 바다 한가운데 있는 도시이기 때문에 배로
만 이동이 가능했다. 베네토 지역 주민들은 5세기 중반, 훈족을 피해 배를 타고 바다를
건너 베네치아로 피신했다. 베네치아가 보트피플의 도피처였던 셈이다.

이들은 섬을 고립된 곳이 아니라 사방 어느 곳으로도 나아갈 수 있는 중심지로 생각
했다. 이런 사고는 일찍이 육지와의 교역에 눈을 뜨게 했으며, 항해술과 선박 건조 기
술에 관한 노하우를 쌓는 바탕이 되었다. 이후 베네치아는 바다로 진출하며 힘을 키웠
다. 지리상 유럽과 동방을 잇는 거점지역으로 15세기에는 지중해 동부를 장악하고 황
금시대를 열기도 했다.

과거와 달리 현재에는 배 외에도 여러 교통수단을 이용해 베네치아로 갈 수 있다.
1846년 오스트리아가 세운 철도용 다리와 1933년 세워진 자동차 다리 덕분이다. 약
120개의 작은 조각 섬으로 이뤄진 베네치아는 180개의 작은 운하와 각 구역을 연결
하는 410개의 크고 작은 다리가 있는 물의 도시이다. 물의 자연스러운 흐름에 따라 대
운하와 작은 운하들이 만들어지고, 그 물길을 모세혈관 삼아 사람들이 살아가며 도시
가 형성된 것. 지금도 그 아름다운 물의 도시를 직접 느끼기 위해 많은 이들이 베네치
아를 찾는다.

+ 베네치아 여행, 이렇게 하자!

베네치아는 길이 복잡하여 걸어 다니기 어려우니 대중교통을 이용하자. 산타 루치아 광장에서 수상 버스에 탑승해 산 마르코 광장으로 가면 주요 관광지를 쉽게 둘러볼 수 있다. 베네치아에는 건물 벽면 위쪽에 대표적인 장소인 리알토 다리(PER RIALTO), 산 마르코 광장(PER S.MARCO), 산타 루치아 역(ALLA FERROVIA)이 표기되어 있다. 리알토 다리(Ponte di Rialto) → 산 마르코 광장(Piazza San Marco) → 산 조르조 마조레 섬(San Giorgio Maggiore)으로 이어지는 일정을 추천한다.

+ 베네치아 대중교통

베네치아의 대중교통수단은 배이다. 수상 버스(Vaporetto 바포레토)를 이용해 목적지로 이동해야 한다. 수상 버스 티켓은 호텔 로비나 수상 버스 ACTV 선착장 또는 ACTV가 있는 타바끼(Tabacchi)에서 살 수 있다. 가장 많이 탑승하는 노선은 1번과 2번 노선(산타 루치아~리알토 다리~산 마르코 광장 운행)이다. 특히 수상 버스 선착장은 환승 터미널처럼 여러 곳(알파벳으로 구분)에 있으니 노선과 수상 버스 방향을 확인해야 한다. 종종 가까운 곳에 같은 노선의 버스가 표기되어 있는데 이것은 가는 방향이 다르기 때문이다.

수상 버스 티켓은 탑승 전 기계를 통해 인식시켜야 하며(버스 카드와 비슷함) 빨간불이 나오면 다시 사야 한다. 1회 권은 각인 후 60분간 유효하며 7.50€, 24시간 권은 20€, 48시간 권은 30€ 등이다. 짐 1개까지는 무료, 추가 시 개당 5€. 12시간 권 부터는 베네치아 본섬 내에서 버스로 무료 환승이 가능하다.

+ 베네치아 곤돌라 타기

수상 도시 베네치아에 왔다면 반드시 해야 할 일이 있다. 바로 곤돌라 타기! 곤돌라를 타기 전에 알아둘 것을 살펴보자. 보통 30분 정도 타는 데 80~100€(6명 기준)를 지불해야 한다. 타고 내릴 때를 제외하고 배 위에서 절대 일어서거나 자리를 옮기면 안되며 내릴 때 잡아주는 사람에게 1€ 정도의 팁을 줘야 한다. 또 배를 타기 전 종이컵과 이탈리아 샴페인 스푸만테(Spumante)를 준비하면 더욱 좋은 분위기를 만들 수 있다. 핸드폰에 이탈리아 오페라 노래 몇 곡을 담아와 들으면서 곤돌라를 즐기는 것도 여행의 추억을 배가시키는 방법. 추천 노래는 넬슨 도르마(루치아노 파파로티), 타임 투 세이 굿바이(안드레아 보첼리), 산타 루치아, 오 솔레미오, 돌아오라 소렌토 등이다.

¹ 산타 루치아 역
(Santa Lucia Stazione)

이탈리아에 수많은 기차역이 있지만, 산타 루치아 역만큼 아름다운 역을 찾는 것은 어렵다. 대운하 카날 그란데가 있고 주변을 둘러보면 유서 깊은 건물들이 둘러싸고 있다. 과거 산타 루치아 성당이 있던 자리에 신식 건물로 새롭게 지어진 산타 루치아 역은 물의 도시 베네치아와 세상을 연결하는 통로이자, 수많은 배낭여행자들의 관문이기도 하다.

² 코레르 박물관
(Correr Museum)

주소 Piazza San Marco, 52
전화 041-240-5211
이용시간 10:00-18:00, 11-3월 10:00-17:00
휴일 1월 1일, 12월 25일
요금 18€(두칼레 궁전 포함)

코레르 박물관은 산 마르코 대성당 맞은편에 있다. 나폴레옹의 주 거주지였으며, 14-18세기 베네치아 문화와 역사를 볼 수 있는 곳이다. 박물관에 전시품이 많지는 않지만, 하나하나 모두 볼만하다는 평을 듣는다. 회화실에 전시된 벨리니의 <도제 조반니 모체니고의 초상화>, 카르파초의 <두 명의 궁정 여인>, <빨간 베레모를 쓴 남자의 초상화> 등 베네치아 출신 화가들의 작품이 주로 전시되어 있다.

³ 리알토 다리
(Ponte de Rialto)

리알토 다리는 대운하 위에 세워진 최초의 돌다리이다. 이 자리에는 원래 목조 다리가 놓여 있었다. 그러나 다리를 이용하는 사람들이 늘어나면서 다리가 자주 무너지자 베네치아 정부가 돌다리를 새롭게 건축하고자 공모전을 열었다. 이 공모전에 당대의 쟁쟁한 예술가들이 참가했는데, 당선작은 안토니오 다 폰테의 계획안이었다.

그의 계획안에 따라 커다란 아치 구조로 된 리알토 다리가 만들어지기 시작했다. 가운데 부분은 대운하를 지나는 선박들이 다닐 수 있도록 수면 위로 7.5m 솟아있으며, 행인들이 완만한 경사의 다리를 오르내릴 수 있게 만들어졌다. 다리 양쪽에 상점들이 들어서 있으며 다리의 정상부는 대운하를 조망할 수 있게 디자인되었다. 당시에는 곧 무너질 것이라는 이야기가 있었으나 리알토 다리는 1592년에 완공된 이래 420여 년이 지난 지금까지도 베네치아의 명소로 자리하고 있다.

⁴ **산 마르코 대성당**
(Basilica di San Marco)

주소 Piazza San Marco, 328
전화 041-270-8311
이용시간 월요일-금요일 07:00-19:30 / 토요일-일요일 및 공휴일 07:00-19:45
(박물관은 성당 폐장 15분 전까지 입장 가능, 겨울에는 보수공사로 입장 제한 있음)
요금 성당 무료, 2€(황금의 선반), 5€(산 마르코 박물관), 3€(보석관)
홈페이지 www.basilicasanmarco.it

마치 동화에 나오는 건물처럼 이국적인 분위기를 풍기는 산 마르코 대성당. 다섯 개의 양파 모양 큐폴라가 분위기를 더욱 살려준다. 산 마르코 대성당은 예로부터 베네치아의 문화, 종교, 정치의 중심지였으며 베네치아의 주요 행사가 이뤄지는 곳이기도 하다. 이곳에 들어서면 정면 입구 위에 세워진 네 마리의 청동 말과 그 아래 5개 아치에 장식된 화려한 모자이크가 눈에 들어온다. 특히 베네치아 상인이 산 마르코의 유골을 이집트의 알렉산드리아에서 몰래 빼 오는 장면이 흥미롭다.

산 마르코 대성당은 830년경 공사를 시작했다. 976년 불에 타 무너졌고, 베네치아 공화국 정부가 웅대한 성당을 다시 짓기로 해 30년이 지난 1094년 지금의 산 마르코 대성당이 완공되었다. 산 마르코 대성당을 찾을 예정이라면 꼭 알아두어야 할 것이 있다. 바로 입장할 때 복장 검사가 엄격하다는 사실. 신체가 많이 보이거나 슬리퍼 차림으로는 입장이 불가능하며 백팩, 캐리어, 큰 숄더백을 가지고 있어도 안 된다. 그러니 미리 주의하고 산 마르코 대성당을 찾아야 한다. 또 베네치아 시내를 한눈에 볼 수 있는 곳이 산 마르코 대성당 종탑이다. 꼭 한 번쯤 올라 멋진 베네치아의 전망을 감상하도록 하자.

⁵ 팔라초 두칼레
(Palazzo Ducale)

주소 Piazza San Marco, 1
전화 041-240-5211
이용시간 08:30-19:00
11월-3월 08:30-17:30
(폐장 1시간 전까지 입장 가능)
휴일 1월 1일, 12월 25일
요금 18€ (코레르 박물관 포함)
홈페이지 www.visitmuve.it

이 궁전은 베네치아 공화국 최고 통치자인 도제의 집무실이자 관저이며, 베네치아 공화국의 '종합 정부청사' 역할을 하는 곳이었다. 다른 지역의 궁전과는 달리 사방으로 개방된 구조를 가지고 있어, 베네치아가 얼마나 열려 있는 도시였는지 보여주는 대표적인 건축물이다.

1340년에 착공돼 르네상스 시대를 거치면서 개축, 증축되며 현재의 모습을 갖게 되었다. 고딕 양식에 바탕을 두고 있지만, 이슬람 풍의 디자인도 포함되어 당시 베네치아가 동방 문화권과 활발히 교류했음을 말해준다.

⁶ 카페 플로리안
(Caffe Florian)

주소 Piazza San Marco, 57
전화 041-520-5641
이용시간 월요일-목요 10:00-21:00
금요일-토요일 09:00-23:00
일요일 09:00-21:00
휴일 겨울철 매주 수요일
요금 커피 6.5-17€, 음료 10€부터
연주비 1인 6€ (11:00-23:00)
홈페이지 www.caffeflorian.com

이탈리아에서 가장 오래된 카페로 꼽히는 곳. 비발디가 활동하던 시기인 1720년 개업했는데, 원래의 상호는 카페 알라 베네치아 트리온판테(승리하는 베네치아 카페)였다. 그러나 길고 복잡한 이름 대신 주인의 이름을 따 카페 플로리안으로 굳어져 오늘날까지 이어지고 있다. 골도니, 괴테, 카사노바, 나폴레옹, 바이런 등 저명한 인물들이 즐겨 찾던 곳이기도 하다. 이곳에서는 수준 높은 연주회가 열리기도 하는데, 테라스에 앉아 연주회를 감상하려면 음식값과 별도로 연주비를 선불로 내야 한다.

베네치아의 **식당** *Restaurant*

¹ 알 키안티
(Ristorante AL Chianti)

주소 Calle Larga San Marco, 655

스파게티가 유명한 베네치아의 맛집으로 오징어 먹물 스파게티가 추천 메뉴이다. 먹물 스파게티를 한 번쯤 먹어보고 싶다면 알 키안티로 향하자.

² 마르차나 레스토랑
(Marciana Ristorante)

주소 Calle Larga San Marco, 367
전화 041-520-6524
이용시간 11:00~23:00

스테이크와 해산물 종류 요리가 일품이다. 음식 종류와 가격이 다양해서 부담 없이 이용할 수 있다.

PART

8

PALE

시칠리아주 주도
팔레르모

RMO

시칠리아 섬의
관문
팔레르모

PALERMO

'황금 그릇'이라는 뜻을 가진 팔레르모는 나폴리와 로마로 가는 시칠리아 섬의 관문이다. 더불어 시칠리아에서 가장 화려한 도시이며, 지금까지 여행했던 이탈리아의 도시들과는 완전히 다른 모습을 보여주는 곳이기도 하다. 일반적으로 시칠리아의 느낌은 비잔틴, 아랍, 로마, 노르만 등 주변의 다양한 문화가 섞여 새롭게 탄생된 지역이라고 알려져 있다. 팔레르모는 그런 시칠리아 특유의 이색적인 풍경을 한눈에 보여주는 대표 도시이다.

팔레르모는 그렇게 넓지 않아 걸어서 여행하기에 제격이다. 2-3일 정도의 시간이면 팔레르모를 돌아보기에 충분하다. 작은 도시라고 볼 게 없을 것이라 생각하면 안된다. 팔레르모는 작은 도시 안에 여러 문화를 받아들여 그들만의 새로운 형태를 만들고, 새로운 이야기를 만들어 낸 도시이기 때문이다. 산 카탈도 성당, 라 마르토라나 성당, 시칠리아 건축 역사를 간직하고 있는 대성당을 비롯해 노르만 문화를 알 수 있는 노르만 궁전, 시칠리아 바로크의 절정을 보여주는 제수 성당 등 볼수록 흥미가 생기는 곳들이 대부분이다.

여기에 맛의 고장이라고 불리는 시칠리아의 여러 요리를 맛볼 수 있다는 것은 놓칠 수 없는 장점이다. 팔레르모를 시작으로 시칠리아 섬을 여행하며 주변 도시들도 방문해 보기를 추천한다. 새로운 이탈리아를 만나는 또 다른 여행의 시작이 될 것이다.

¹ 산 카탈도 성당
(Church of San Cataldo)

² 라 마르토라나 성당
(La Martorana)

주소 Piazza Bellini, 1
이용시간 10:00-13:00, 15:00-18:00
휴일 1월 1일, 5월 1일, 12월 25일
요금 2.5€

주소 Piazza Bellini, 3
전화 091-6161692
이용시간 09:30-13:00, 15:30-17:30
　　　　 일요일, 공휴일 09:00-10:30
요금 2€

산 카탈도 성당은 시칠리아에서만 볼 수 있는 아랍-노르만 양식을 대표하는 건축물이다. 1154년에 짓기 시작해 이곳을 지배하는 세력에 따라 모스크, 성당, 교회 등 다양한 용도로 변신했고, 그와 함께 건축 양식도 변화해 지금의 독특한 건축물이 완성되었다. 이 성당을 둘러보면서 어느 부분에서 어떤 세력의 영향이 미쳤는지 생각해보는 재미도 쏠쏠하다.

벨라니 광장에 산 카탈도 성당과 나란히 서 있는 라 마르토라나는 노르만 왕가 루게로 2세 때 건축한 성당이다. 13세기에 베네딕트 수도원으로 흡수되면서 수녀원의 설립자인 마르토라나 수녀의 이름을 따 불리게 됐다. 이곳에서는 시칠리아 대표 간식을 만나볼 수 있다. 시칠리아는 더운 날씨 때문에 음식이 금방 상한다. 제단을 장식할 과일 역시 날씨 탓에 쉽게 상하곤 했는데, 이곳에서 설탕과 아몬드 가루로 과일 모양의 쿠키를 만들어 장식에 사용했다. 이 쿠키가 유명해지면서 시칠리아의 대표적인 간식으로 자리 잡았다. 극강의 달콤함이 특징이며, 기념 선물로 제격이다.

³ 대성당
(Palermo Cathedral)

주소 Via Vittorio Emanuele
이용시간 성당 : 월요일-토요일 07:00-19:00, 일요일 08:00-13:00
　　　　　 왕실의 묘, 보물실, 지붕 : 월요일-토요일 09:30-17:30
　　　　　 지하묘실 : 일요일 10:00-13:00
요금 성당 무료, 왕실의 묘+보물실+지하묘실+지붕 통합권 7€ (개별 장소들의 입장권이 따로 있다)
홈페이지 www.cattedrale.palermo.it

왕가의 무덤이 있는 성당으로 비잔틴 시대에 건축되었으며, 모스크로 사용되던 건물을 노르만 족이 1185년 재건축했다. 팔레르모를 점령한 세력이 바뀔 때마다 문장과 장식, 건축 유행의 변화에 따라 보수되면서 여러 양식이 뒤섞인 지금의 모습을 가지게 됐다. 약 700년에 이르는 시칠리아의 건축 양식을 모두 가지고 있는 건축물인 셈이다. 역대 왕들과 주교들의 석관이 있는 왕실의 묘, 노르만 왕가의 유품과 대성당이 소유한 성물을 보관하는 보물실, 종탑을 장식한 다양한 양식을 가까이서 볼 수 있는 지붕, 산타 로살리아 예배당 등으로 나눠지는 내부를 보다 보면 그 시기를 직접 느끼는 기분을 만끽할 수 있다.

⁴ 노르만 궁전
(Norman Royal Palace)

주소 Piazza Indipendenza, 1
이용시간 월요일-토요일 08:15-17:40
　　　　　 일요일 08:15-13:00
　　　　　 (폐장 45분 전까지 입장 가능)
요금 예배당 7€
　　　 예배당+왕의 아파트 통합권 8.5€
홈페이지 www.federicosecondo.org

12세기 루게로 2세가 건축한 팔라티나 예배당과 12개의 방, 궁전에서 가장 오래된 벽, 작은 예배당으로 이뤄진 왕의 아파트가 함께 있는 공간이다. 9세기 이슬람 세력에 의해 처음 건축되어 노르만 왕가의 궁전으로 증축되었다. 몬테알레의 두오모, 체팔루의 두오모와 함께 시칠리아 3대 모자이크화로 꼽히는 팔레티나 예배당의 화려한 황금빛 벽면이 주요 볼거리이다. 2층은 왕가의 생활공간인 아파트였는데, 지금은 시칠리아주 의사당으로 사용되고 있다.

⁵ 제수 성당
(Church of the Gesu)

주소 Piazza Casa Professa, 21
이용시간 09:30-15:30
　　　　　 일요일, 공휴일
　　　　　 09:00-12:30, 17:00-18:30
요금 무료

1549년 시칠리아에 들어온 예수회 수도사들이 1636년 완성한 성당이다. 예수회가 시칠리아에서 추방된 1860년 이후 방치되면서 처음 지어진 시기의 바로크 양식을 그대로 간직한 건축물로 남아있다. 시칠리아의 건축물들이 대부분 여러 양식이 섞이고 혼합되어 있는 것과 달리 바로크 양식만으로 완성돼 화려함이 남다르다. 역시 화려하게 장식된 천장화, 꽃, 대리석 장식, 조각상 등 내부 인테리어를 통해 바로크 양식의 절정을 온전하게 느낄 수 있다.

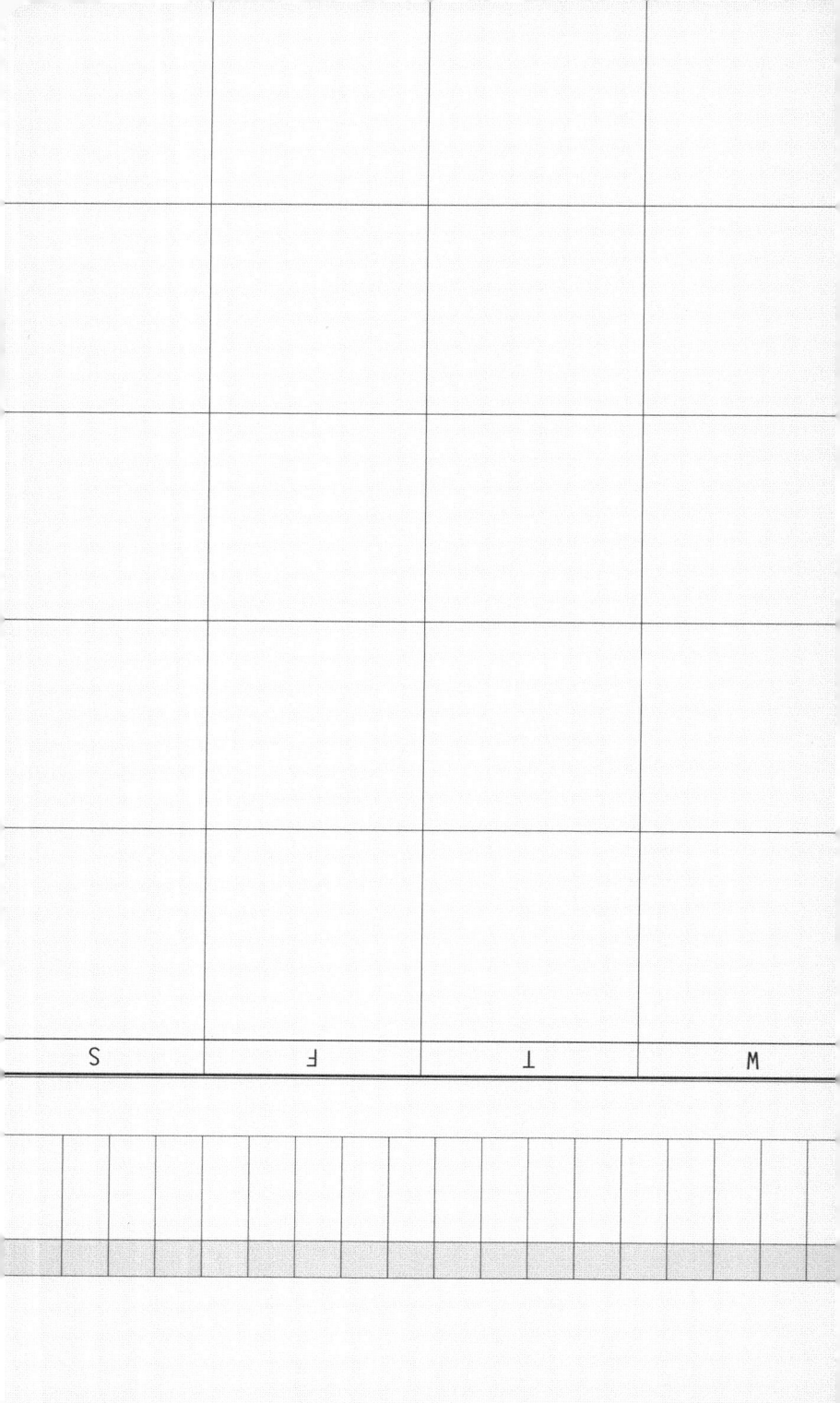

DATE												
PLACE												

MONTH 1 2 3 4 5 6 7 8 9 10 11 12

S	M	T

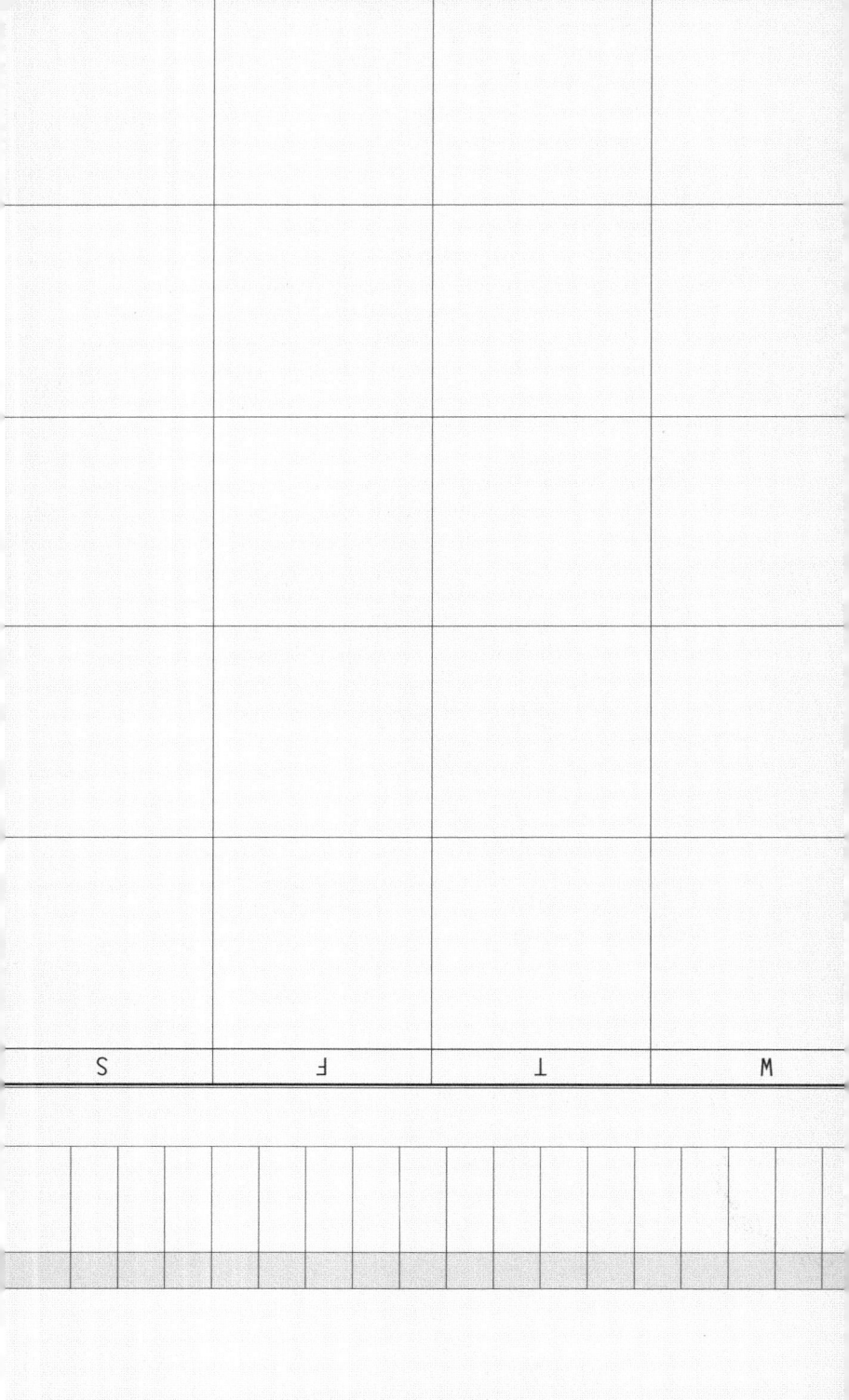

DAY

☀ ☀☁ ☁ ☁☁ ☁☁☀

DATE _____

Today's Plan

Expenses Record ■ card ☐ cash

DATE _____

Today's Plan

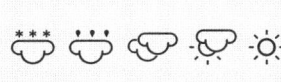

Expenses Record

☐ card   ■ cash

☐	☐
☐	☐
☐	☐
☐	☐
☐	☐
☐	☐
☐	☐

114

_____
_____
_____
_____
_____
_____
_____
_____

Today's Plan

DATE _____

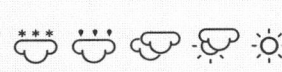

Expenses Record

card ■   cash ☐

☐	☐
☐	☐
☐	☐
☐	☐
☐	☐
☐	☐
☐	☐

DATE _____

Today's Plan

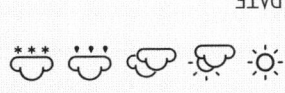

Expenses Record

■ card ☐ cash

☐	☐
☐	☐
☐	☐
☐	☐
☐	☐
☐	☐
☐	☐

Today's Plan

DATE

DAY

Expenses Record	card ☐ cash ☐
☐	☐
☐	☐
☐	☐
☐	☐
☐	☐
☐	☐
☐	☐

DATE _____

Today's Plan

☀ ☀☁ ☁ ☁☀ ☁☀☀

Expenses Record — card ■ cash ☐

☐	☐
☐	☐
☐	☐
☐	☐
☐	☐
☐	☐
☐	☐

DATE _____

Today's Plan

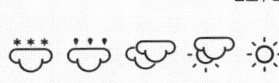

Expenses Record

☐ card ■ cash

☐	☐
☐	☐
☐	☐
☐	☐
☐	☐
☐	☐
☐	☐

DATE _____

Today's Plan

Expenses Record

card ■　cash ☐

☐	☐
☐	☐
☐	☐
☐	☐
☐	☐
☐	☐
☐	☐

Today's Plan

DATE _____

☀️ 🌤 ☁️ 🌧 ⛈

Expenses Record

card ■　cash ☐

☐	☐
☐	☐
☐	☐
☐	☐
☐	☐
☐	☐
☐	☐

DATE _____

Today's Plan

☀ ☀️ ☁ ☁ ☁

DAY

Expenses Record

☐ card ☐ cash

☐	☐
☐	☐
☐	☐
☐	☐
☐	☐
☐	☐
☐	☐

Today's Plan

DATE

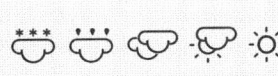

Expenses Record — card ■ cash ☐

☐	☐
☐	☐
☐	☐
☐	☐
☐	☐
☐	☐
☐	☐

DATE _____

Today's Plan

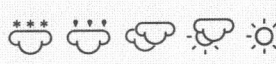

Expenses Record

■ card ☐ cash

☐	☐
☐	☐
☐	☐
☐	☐
☐	☐
☐	☐
☐	☐

DATE

Today's Plan

DAY

Expenses Record

■ card ☐ cash

☐	☐
☐	☐
☐	☐
☐	☐
☐	☐
☐	☐
☐	☐

DATE _____

Today's Plan

☀️ ⛅ ☁️ 🌥️ 🌧️

Expenses Record

□ card ■ cash

☐	☐
☐	☐
☐	☐
☐	☐
☐	☐
☐	☐
☐	☐

DATE _____

Today's Plan

DAY

Expenses Record	card ■ cash ☐
☐	☐
☐	☐
☐	☐
☐	☐
☐	☐
☐	☐
☐	☐

DATE _____

Today's Plan

Expenses Record

card ■ cash ☐

☐	☐
☐	☐
☐	☐
☐	☐
☐	☐
☐	☐
☐	☐

DATE _____
Today's Plan

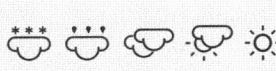

Expenses Record	■ card ☐ cash
☐	☐
☐	☐
☐	☐
☐	☐
☐	☐
☐	☐
☐	☐

144

DATE _____

Today's Plan

☀ ⛅ ☁ ☁ ☁

Expenses Record	card ■ cash ☐
☐	☐
☐	☐
☐	☐
☐	☐
☐	☐
☐	☐
☐	☐

DATE _____

Today's Plan

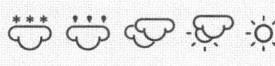

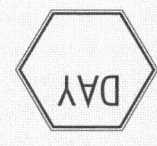

Expenses Record

card ■ cash ☐

☐	☐
☐	☐
☐	☐
☐	☐
☐	☐
☐	☐
☐	☐

DATE _____

Today's Plan

☀ ⛅ ☁ ☁ ☁

Expenses Record — ■ card ☐ cash

DATE _____

Today's Plan

DAY

Expenses Record

☐ card ■ cash

☐	☐
☐	☐
☐	☐
☐	☐
☐	☐
☐	☐
☐	☐

152

DATE _____

Today's Plan

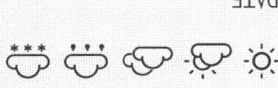

Expenses Record   ☐ cash ■ card

- ☐
- ☐
- ☐
- ☐
- ☐
- ☐
- ☐

- ☐
- ☐
- ☐
- ☐
- ☐
- ☐
- ☐

154

DATE _____

Today's Plan

Expenses Record

☐ card ☐ cash

☐	☐
☐	☐
☐	☐
☐	☐
☐	☐
☐	☐
☐	☐

DATE _____

Today's Plan

Expenses Record	card ■ cash ☐
☐	☐
☐	☐
☐	☐
☐	☐
☐	☐
☐	☐
☐	☐

DATE

Today's Plan

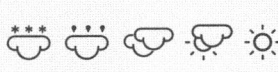

Expenses Record

card ☐   cash ☐

☐	☐
☐	☐
☐	☐
☐	☐
☐	☐
☐	☐
☐	☐

DATE

Today's Plan

DAY

Expenses Record   ■ card □ cash

☐	☐
☐	☐
☐	☐
☐	☐
☐	☐
☐	☐
☐	☐

162

DAY

☀ ⛅ ☁ ☁ ☁

DATE
Today's Plan

Expenses Record

■ card ☐ cash

☐	☐
☐	☐
☐	☐
☐	☐
☐	☐
☐	☐
☐	☐

164

DATE _____

Today's Plan

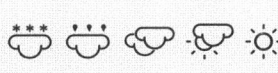

Expenses Record ■ card ☐ cash

☐	☐
☐	☐
☐	☐
☐	☐
☐	☐
☐	☐
☐	☐

166

☀ ⛅ ☁ ☁ ☁

DATE _____

Today's Plan

Expenses Record	card ■ cash ☐
☐	☐
☐	☐
☐	☐
☐	☐
☐	☐
☐	☐
☐	☐

DATE _____

Today's Plan

Expenses Record ☐ card ■ cash

☐ ☐
☐ ☐
☐ ☐
☐ ☐
☐ ☐
☐ ☐
☐ ☐

171

172

173

174

175

호텔 용어

정보제공: 호텔패스(www.hotelpass.com)

레이트 체크아웃 Late Check-out	일반적으로 호텔에서 규정하는 체크아웃 시간보다 늦게 체크아웃하는 것을 의미한다.
어메니티 Amenity	호텔에서 투숙객의 편의를 위해 객실에 무료로 준비해 놓은 각종 소모품 또는 서비스 용품. 일반적으로 욕실용품과 물 등이다.
엑스트라 차지 Extra Charge	추가 비용을 의미. 인원 추가, 조식 추가, 베드 추가 등의 상황에서 사용된다.
올 인클루시브 All Inclusive	호텔 숙박비 내에 미니 바를 포함한 모든 음식, 선택관광 서비스 요금이 포함되어 있는 형태를 말한다.
얼리 체크인 Early Check-in	기존의 호텔 체크인 시간보다 이른 시간에 체크인하는 것을 의미한다. 추가 비용이 발생하는 경우도 있다.
컨시어지 Concierge	비서처럼 개인적이고 개별적인 고객 서비스를 총괄 담당하는 관리인. 호텔 이용, 주변 교통 편이나 관광에 대한 설명과 레스토랑 추천 등 고객의 편의를 도와준다.

여행자를 위한 영어회화 _ 호텔편

예약하셨나요? Did you make a reservation?	지금 체크인할 수 있나요? Can I check in now?
체크인 시간은 몇시죠? What time is check-in?	체크인하고 싶습니다. I'd like to check in.
일찍 체크인 할 수 있나요? Can I check in early?	체크인은 어디서 합니까? Where do I check in?
어느 분 앞으로 예약되어 있습니까? Whose name is the reservation under?	제 이름으로 예약했습니다. It's in my name.
해변 쪽 방으로 주세요. I'd like a room with a seaside view, please.	짐을 방까지 가져다 주시겠어요? Could you bring my luggage up to the room?
제 짐을 올려주실 수 있으세요? Can you move up my baggage?	수건을 더 주시겠어요? Could I have more towels?
저녁까지 제 짐을 보관해 주실 수 있어요? Could you keep my luggage until this evening?	공항 가는 버스는 어디서 타요? Where do I board the bus going to the airport?

CONTACT LIST
주요 연락처

- 이탈리아 내 한국대사관 -

Via Barnaba Oriani,
30 - 00197 Roma, ITALY
☎ +39 06-802-461
📠 +39 06-8024-6259

이메일
공관 대표 : koremb-it@mofa.go.kr
영사 업무 : consul-it@mofa.go.kr

긴급연락처
일과 시간(대표번호) : +39 06-802-461
공휴일/주말 : +39 335-185-0499

영사과 전화
사건사고 신고·상담 : +39 06-8024-6228,
+39 335-185-0383
여권(재발급, 분실) : +39 06-8024-6227

사이트
http://ita.mofa.go.kr/korean/eu/ita/main/
index.jsp

- 밀라노(Milano) 총 영사관 -

Piazza Cavour 3, 20121 - Milano, Italy
☎ +39 02-2906-2641
📠 +39 02-6291-1704

이메일
milano@mofa.go.kr

사이트
http://ita-milano.mofa.go.kr/worldlan-
guage/europe/ita-milano/mian/index.jsp

- 피렌체(Firenze) 명예영사 -
Dott. Riccardo Gelli

Via Madonna della pace 62,
50125 - Firenze, Italy
☎ 📠 +39 055-504-8516

이메일
korea.consolato.firenze@gmail.com

- 팔레르모(Palermo) 명예영사 -
Dott. Antonio Di Fresco

Piazza Federico Chopin 6,
90145 - Palermo, Italy
☎ +39 091-226-178
📠 +39 178-278-7334

이메일
conscoreasicilia@alice.it

PERSONAL CONTACT LIST
개인 비상 연락망

1. 두타면세점사용 30,000원 차감권

- 차감 코드 750IVRVWK
- 유효 기간 당음일로부터 31개월까지

<사용안내>
① 두타면세점사용 쿠폰은 (www.dootaduytfree.com) *시원가입 경우 신규가입 필요 ② 마이페이지 > 적립금 물입 > ⓒ '적립금 등록하기' 인이 '적립금 코드 10자리' 인력

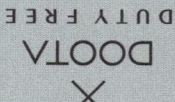

Coupon
두근두근 여행
다이어리 시리즈에
포함된 쿠폰 사용안내

2. 두타면세점 10,000원 할인권 ($50 이상 결제 시 즉시 할인)

- 사용처: 온라인 한정
- 인당 1회 사용 가능

5116000003645

3. 두타면세점 30,000원 할인권 ($100 이상 결제 시 즉시 할인)

- 사용처: 온라인 한정
- 인당 1회 사용 가능

5116000003646

YOLO PROJECT
두근두근 여행 다이어리 속
×
DOOTA
DUTY FREE

4. 두타몰 F&B 3,000원 바우처 교환권

- 교환 장소: 두타몰 4F 안내 데스크
- 1인 1회 한정 사용
- 바우처 발급 후 두타몰 F&B(식음)매장에서 사용하실 수 있습니다.
- 두타몰 4F 안내 데스크 교환 가능 시간 AM10:30-PM9:00 (월-일)

5. 두타몰 온라인 가입 시 최대 5,000포인트

- 매장 두타몰 온라인 회원가입 고객
- 매장 신규 가입 시 최대 5,000포인트 지급

해외 호텔 7% 할인 or 인당 1박 700첫 할인

- 할인 코드 YPPA5577
- 할인 유효 기간 2020년 12월 31일까지
- 할인 사용 기간 쿠폰페이지 등록 후 체크인일로부터 1년

<사용안내>
① 호텔패스 로그인 > 마이페이지 > 쿠폰 조회 > 쿠폰 등록 > 쿠폰 번호 등록

YOLO PROJECT
두근두근 여행 다이어리 속
×

<사용 시 유의사항>
- 당사 정책상 쿠폰이 불가능할 수 있습니다.
- 다른 쿠폰과 중복 사용이 불가능합니다.
- 호텔예매 포인트와 함께 사용하실 수 있습니다.

주 이용특별시 중구 장충단로 275 두타타워 1F~6F
이용시간 AM10:30~AM05:00(월~토), AM10:30~AM00:00(일)
대표 번호 02-3398-3115

<사용 안내>
- 최소 결제 가격 시 3,000 포인트는 정시 사용 가능합니다.
마일리지 충분 종이 2,000 포인트는 인정없이 사용 가능합니다.
- 결제 시 할부 매장 및 상품이 있을 경우, 포인트 정립 사용이 제한될 수 있습니다.
- 두 매장 거점 해외는 양시 사용에 따라 변동, 조기 종료될 수 있습니다.

주 이용특별시 중구 장충단로 275 두타타워 1F~6F
이용시간 AM10:30~AM05:00(월~토), AM10:30~AM00:00(일)
대표 번호 02-3398-3115

<사용 안내>
- 결제금액 바우처당 현금 1회 매장에서는 사용이 제한될 수 있습니다.
- 예매시 할인된 대상으로 제품입니다(할인품이 있는 경우, 신규 가입 별도).
- 두 매장 거점 해외는 양시 사용에 따라 변동, 조기 종료될 수 있습니다.

주 이용특별시 중구 장충단로 275 두타타워 7F~13F
영업시간 AM10:30~PM11:00(연중 무휴) 대표 번호 1833-8800
홈페이지 www.dootadutyfree.com

<사용 안내>
- 할인쿠폰은 상품 원가이나 1인 1회 사용 가능합니다.
- 할인쿠폰은 정가 상품의 총 30% 이상 할인 상품은 제외됩니다.
- 할인쿠폰은 사용 가능한 최대할인 할인이 되지 않으며 시 제품됩니다.
- 할인쿠폰은 내국인(환국인) 전용으로 타 쿠폰과 중복 적용이 불가능합니다.
- 두 매장 거점 해외는 양시 사용에 따라 변동, 조기 종료될 수 있습니다.

주 이용특별시 중구 장충단로 275 두타타워 7F~13F
영업시간 AM10:30~PM11:00(연중 무휴) 대표 번호 1833-8800
홈페이지 www.dootadutyfree.com

<사용 안내>
- 할인쿠폰은 상품 원가이나 1인 1회 사용 가능합니다.
- 할인쿠폰은 정가 상품의 총 30% 이상 할인 상품은 제외됩니다.
- 할인쿠폰은 사용 가능한 최대할인 할인이 되지 않으며 시 제품됩니다.
- 할인쿠폰은 내국인(환국인) 전용으로 타 쿠폰과 중복 적용이 불가능합니다.
- 두 매장 거점 해외는 양시 사용에 따라 변동, 조기 종료될 수 있습니다.

<사용 안내>
- 두 제품권은 구입 내 유 후 1회 단일 사용 가능합니다.
- 두 제품권은 정가상품에 한하여 30%까지 사용 가능합니다.
- 두 제품권은 양시 사용에 따라 변동, 조기 종료될 수 있습니다.
- 지니어에 정립된 사용품은 상이할 수 있으며,
당일 미사용하는 경우 제품된 사용이 제한됩니다.

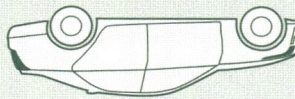

해외 렌터카 예약 시 10% 할인

CDP NO 2138455

<사용방법>
- Hertz 홈페이지 > 예약 > CDP 번호 입력 > 10% 할인
- Hertz 해외 예약센터 > 예약 > CDP 정용 요청 > 10% 할인

<사용 시 유의사항>
- 본 CDP 번호에 할인된 가격 예약 시 적용되는 할인 쿠폰임을 숙지해 주시기 바랍니다.
- 예약은 최소 24시간 이전까지 완료되어야 합니다. (야간 차량은 48시간 이상)
- 당일 추가, 연장등, 차량에 대해 할인 적용이 제한될 수 있습니다.
- Hertz의 기본 약관 및 각자 이용지점의 지역별 약관 등이 적용 되며, 예약 조건임에 따라이 적용됩니다.
- 해당 쿠폰으로는 사전 예약 없이 렌탈 중 할인 적용 할 수 없습니다.

<Hertz 예약>
- 온라인 예약: www.hertz.co.kr
- 예약 고객센터: 1600-2588
(영업시간: 월~금 09:00-18:00 / 주말 공휴일 휴무)

YOLO PROJECT
근사하고 여유 다이나믹 북

Coupon
근사하고 여유
다이나믹 북 시리즈에서
도지점 늘 말 여행자들

★ 허츠 골드회원 혜택 ★

허츠 홈페이지를 통해 회원 가입을 하면, 허츠에서 제공하는 다양한 회원 혜택을 받을 수 있다.(회원 가입 무료)

① 골드회원 전용 할인 혜택

회원 등록 시 기입된 이메일을 통해 특별 할인정보를 제공한다. 또한 사이트 로그인 시, 비회원이 볼 수 없는 [회원전용] 프로모션 혜택도 받을 수 있으며 기본 프로모션 때도 비회원보다 높은 할인율을 제공받을 수 있다. 배우자 추가 운전자 등록 무료, 아동용 카시트 요금할인 혜택도 제공된다.

② 신속한 임차 서비스

임차 계약서 작성 등의 과정 없이 회원전용구역에서 바로 차량 픽업이 가능한 혜택이다. 예약시간에 맞춰 영업소에 방문하여 사무실 앞 전광판에서 본인 이름과 차량이 대기되어 있는 주차장 번호를 확인하면 완료. 전광판이 없는 영업소는 Gold Booth 또는 Gold Counter에서 수속하면 된다.

③ 골드 초이스

내가 예약한 차량 등급 내에서 선호하는 차량을 직접 선택할 수 있다. 미국 및 유럽의 주요 공항에서 서비스 이용이 가능하다.

④ 얼티메이트 초이스를 이용한 업그레이드 혜택!

하루 당 35$ 추가 요금으로 Premium Upgrade 구역에 있는 Hertz Collection의 최고급 차량(인피니티 Q50, 아우디 A3, 벤츠 CLA250)으로 업그레이드가 가능하다. Platinum 또는 President's Circle 회원은 25$로 이용 가능하며, President's Circle 회원은 Compact 차량 예약 시 Midsize로 무료 업그레이드 또한 가능하다. 현재 미국 주요 영업소에서 이용할 수 있으며, 점차 확대할 예정이다.
#개이득 #올해_론칭한_서비스!

⑤ 포인트 프로그램

전 세계 150여 나라, 9,700개의 영업소를 운영하고 있기 때문에 어디를 여행해도 허츠를 이용할 수 있다. 이때 회원 포인트를 적립하고, 적립된 포인트를 이용하여 무료 임차 서비스를 받을 수 있다. 단, 포인트 적립이 가능한 영업소여야 한다.

⑥ 회원 등급 프로그램 서비스

회원 등급이 높아지면 높아질수록 포인트 적립, 차량 업그레이드 등 다양한 혜택이 증가된다.

01. 홍콩

02. 뉴욕

03. 오사카교토

04. 런던

05. 이탈리아

06. 호주

여행을 상상하는 아주 특별한 방법,
21세기북스의
끊는끊는 여행 다이어리 북 시리즈

YOLO PROJECT!
YOU ONLY LIVE ONCE

KI신서 7279

ITALIA
두근두근 **이탈리아**

1판 1쇄 인쇄 2018년 1월 10일
1판 1쇄 발행 2018년 1월 22일

펴낸이 김영곤
펴낸곳 (주)북이십일 21세기북스

실용출판팀장 김수연
책임편집 이보람
진행 김유정
사진 투리스타 이탈리아관광청
디자인 elephantswimming
출판영업팀 이경희 이은혜 권오권
출판마케팅팀 김홍선 배상현 신혜진 김선영 나은경
홍보팀 이혜연 최수아 김미임 박혜림 문소라 전효은 염진아 김선아
제휴팀장 류승은
제작팀장 이영민

출판등록 2000년 5월 6일 제406-2003-061호
주소 (10881) 경기도 파주시 회동길 201 (문발동)
대표전화 031-955-2100 **팩스** 031-955-2151 **이메일** book21@book21.co.kr

(주)북이십일 경계를 허무는 콘텐츠 리더

21세기북스 채널에서 도서 정보와 다양한 영상자료, 이벤트를 만나세요!
장강명, 요조가 진행하는 팟캐스트 말랑한 책수다 <책, 이게 뭐라고>
페이스북 facebook.com/21cbooks   블로그 b.book21.com
인스타그램 instagram.com/21cbooks   홈페이지 www.book21.com

ⓒ 북이십일 21세기북스

ISBN 978-89-509-7326-1 13980

• 이 책 내용의 일부 또는 전부를 재사용하려면 반드시 (주)북이십일의 동의를 얻어야 합니다.
• 잘못 만들어진 책은 구입하신 서점에서 교환해드립니다.